江苏省高校哲社一般项目"清末中华传统法律文化断层及重建研究"
（项目编号：2023SJYB0553）资助出版

冈田朝太郎与清末法制变革

杨本娟　著

GANGTIANCHAOTAILANG YU

QINGMO FAZHI BIANGE

武汉大学出版社

图书在版编目(CIP)数据

冈田朝太郎与清末法制变革/杨本娟著.—武汉:武汉大学出版社,2023.12

ISBN 978-7-307-24096-4

I.冈… II.杨… III.法制史—中国—清后期—文集　IV.D929.52-53

中国国家版本馆 CIP 数据核字(2023)第 205060 号

责任编辑:郭　静　　责任校对:鄢春梅　　版式设计:马　佳

出版发行:**武汉大学出版社**　　(430072　武昌　珞珈山)

(电子邮箱:cbs22@whu.edu.cn　网址:www.wdp.com.cn)

印刷:湖北云景数字印刷有限公司

开本:720×1000　1/16　印张:11　字数:158 千字　插页:1

版次:2023 年 12 月第 1 版　　2023 年 12 月第 1 次印刷

ISBN 978-7-307-24096-4　　定价:58.00 元

前　言

　　1840 年鸦片战争以后，西方列强利用一次次的坚船利炮叩开了清王朝的国门，清王朝的统治日益衰弱。为了维护岌岌可危的统治，清政府于光绪二十七年(1901 年)下令开始实行"新政"。[①] 因西方列强指责中国封建法制落后，所以建立符合西方发展潮流的新型法律体系就成为清王朝的重大任务。清政府决定首先对旧律进行大规模的变通修订，于光绪二十八年(1902 年)颁布修律的上谕，任命沈家本和伍廷芳为修律大臣，由此拉开了清末法制变革的序幕。沈家本在光绪二十九年(1903 年)和光绪三十一年(1905 年)对《大清律例》做了一次"删除"工作，后因官制改革、人员调动而停止。[②] 迫于任务紧急，又因沈家本对西方法律制度不甚了解，故聘请外国法学家参与立法就成为清政府的首选。于是，清政府在光绪三十二年(1906 年)开始起草《大清新刑律》[③]时，决定邀请日本专家冈田朝太郎前来

　　① 1900 年(光绪二十六年)庚子事变爆发，慈禧太后率光绪皇帝等百位皇亲出宫避祸于西安。回銮之后，接受八国联军提出的《辛丑条约》，此举对中国打击甚大。为了解决当时社会中日益激化的各种矛盾，晚清统治者于 1901 年(光绪二十七年)被迫下诏变法，从而揭开了长达十一年的新政运动的序幕。

　　② 李贵连.《大清新刑律》与《大清现行刑律》辨正[J]. 法学研究，1982(2)：46.

　　③ 本文中所提及的《大清新刑律》是指宣统二年十二月二十五日(1911 年 1 月 25 日)清政府颁布的《大清刑律》。但近百年来人们在谈论它时，都明确地加上一个"新"字，将其简称为《大清新刑律》。这虽是为了区别于《大清律例》和《大清现行刑律》，但更重要的是为了强调它的新灵魂、新精神。因为《大清新刑律》是中国近代第一部西化的刑法典，是抛弃了中华法系的精神、体裁和概念体系而代之以西方法制精神、体裁和概念体系的第一部刑法典。详细内容请参见范忠信. 沈家本与新刑律草案的伦理革命[J]. 政法论坛(中国政法大学学报)，2004(1)：36。笔者认为"大清新刑律"这一叫法更能体现它自身的特色，另考虑到人们历来所形成的表达习惯，因此在本文中采用《大清新刑律》这一名称。

1

协助。

清末法制变革是我国近代法制变革的标志性事件，因而一直是备受学者关注的重要话题。目前，关于"清末法制变革"的研究成果较多，其中多数集中在宏观理论的探讨上，也有部分学者对清末法制变革中的沈家本、张之洞等展开过研究。总体而言，学界对清末法制变革中应聘来华的日本法律专家并未给予足够的关注。日本法律专家冈田朝太郎是清政府在法制变革中聘请而来的重要人物，其聘期从 1906 年 10 月开始至 1915 年 9 月结束，长达 9 年。该段时期正值冈田朝太郎年富力强，即从 38 岁至 47 岁。在华期间，冈田朝太郎为清政府起草了体现西方先进法制文明的《大清新刑律》草案、《法院编制法》草案和《大清刑事诉讼律》草案，还在京师法律学堂等多所学堂积极传播西方先进法律文化，在修订法律馆为馆员指点迷津，对清末法制变革起了很大的推动作用。因此，笔者认为对其进行研究具有重要意义。

目前，就笔者所知的范围，在中国学术界，对冈田朝太郎进行过研究的学者并不多见，其研究成果主要是期刊论文，相关情况如下：

中国人民大学的杜钢建老师在《中国人民大学学报》1993 年第 1 期上发表文章《沈家本冈田朝太郎法律思想比较研究》①，该文主要从三个方面对比了沈家本和冈田朝太郎的法律思想的异同。作者认为在主张吸收西学西法的主权理论和法律平等思想以及死刑唯一和法权统一的学术主张上，沈家本和冈田朝太郎立场接近，但在司法责任的归属问题上，沈家本主张重在追究法官责任，而冈田朝太郎则主张追究国家责任。至于其他法律问题，该文并未涉及。

北京大学法律系的李贵连老师在《中外法学》1994 年第 4 期上发表文章《晚清立法中的外国人》，在《比较法研究》1994 年第 1 期上发表文章《近代中国法律的变革与日本影响》。之后李贵连老师与日本学者松田惠美子在

---

① 笔者认为这篇文章的标题改成《沈家本与冈田朝太郎法律思想比较研究》显得更合理。

日本杂志《名城法学》1996 年 2 月第 45 卷第 4 号中发表文章《清末の立法に
みられる日本人法律家の影響》(《日本法律专家对清末立法的影响》)。以
上三篇文章对冈田朝太郎博士应聘来华的具体商谈经过和来华过程给予了
一定程度的介绍,但因一手资料的缺乏,很多细节并未得到充分的展现。

李海东博士于 1995 年在其主编的《日本刑事法学者(上)》中对冈田朝
太郎的刑法学术思想进行了较详细的介绍,但在这篇文章中,对冈田朝太
郎与清末法制变革的内容几乎没有涉及。①

台湾辅仁大学法律系的黄源盛老师在 2002 年 5 月出版的《黄宗乐教授
六秩祝贺——基础法学篇》一书中发表文章《清末民初近代刑法的启蒙
者——冈田朝太郎》,该文章主要介绍了冈田朝太郎博士的学术生平、学
术著作和刑事法思想,对应聘来华的细节和冈田朝太郎博士在华工作状况
涉及不多。

高汉成老师在其著作中从签注的角度对冈田朝太郎所起草的《大清新
刑律》草案进行了评价,但对冈田朝太郎的在华活动并无涉及。②

北京大学法学院近代法研究所的李启成老师在中国法律史学会 2012 年
学术年会上发表文章《冈田朝太郎与晚清废除比附援引——兼论法律进化
论在近代中国的影响》,该文讨论了冈田朝太郎对《大清律例》中"比附援
引"制度的认知。

华东政法大学的王瑛滔老师在《历史教学问题》2014 年第 6 期上发表文
章《冈田朝太郎与〈大清新刑律〉》,该文主要利用中文资料对冈田朝太郎和
《大清新刑律》的关系进行了分析。

天津商业大学的刘晓冬在《商》2015 年第 38 期上发表文章《〈大清新刑
律〉和冈田朝太郎的法律思想探析》,该文先以 800 字左右的篇幅概括了
《大清新刑律》草案的特点及冈田朝太郎在《大清新刑律》草案中的创新,之

---

① 李海东. 日本刑事法学者(上)[M]. 北京:中国法律出版社,东京:日本国
成文堂,联合出版,1995:16-38.

② 高汉成. 签注视野下的大清刑律草案研究[M]. 北京:社会科学出版社,
2007:169-188.

后以介绍冈田朝太郎的文章《论大清新刑律重视礼教》的内容来展现冈田朝太郎对礼教派的抨击。该作者还于 2016 年 6 月完成了硕士论文《冈田朝太郎与中国刑法近代化》，其中主要利用中文资料分析了冈田朝太郎的刑法思想对中国的影响。

清华大学法学院近代法研究中心的陈新宇老师在《华东政法大学学报》2016 年第 4 期上发表文章《礼法论争中的冈田朝太郎与赫善心——全球史视野下的晚清修律》，该文以冈田朝太郎的两篇文章《冈田博士论刑律不宜增入和奸罪之罚则》和《冈田博士论子孙违犯教令一条宜删去》为主，论述了冈田朝太郎在礼法之争过程中所主张的观点。

在以上几位中国学者对冈田朝太郎的研究成果中，杜钢建老师研究了冈田朝太郎在吸收西学西法的主权理论和法律平等思想、死刑唯一和法权统一的法学主张以及在司法责任的归属问题这三个方面的看法。李贵连老师主要从中文史料的角度对冈田朝太郎博士应聘来华的具体商谈过程和来华过程给予了一定程度的介绍。李海东博士介绍了冈田朝太郎的生平、主要著述和学术思想，并对其进行简单的评价。黄源盛老师介绍了冈田朝太郎博士的学术生平、学术著作和刑事法思想。高汉成老师从签注的角度对冈田朝太郎所起草的《大清新刑律》草案进行了研究。李启成老师研究了冈田朝太郎对《大清律例》中"比附援引"制度的认知。陈新宇老师讨论了冈田朝太郎对和奸问题和子孙违犯教令问题的看法。刘晓冬主要分析了冈田朝太郎的刑法思想对中国的影响。

总体来看，国内学者对有关冈田朝太郎的史料和资料的收集和分析相对比较分散，多数国内学者的研究成果是在分析中文资料的基础上形成的。其中李海东博士的研究成果中虽使用了许多日文资料，但并未涉及冈田朝太郎在清末法制变革的活动。李贵连老师的研究成果中涉及日文资料，但对冈田朝太郎在参与清末法制变革之前、之中和之后所留下的资料的收集和分析尚有完善的余地。

此外，日本学者对冈田朝太郎也展开过研究，有必要积极吸收他们的研究成果。2014 年 4 月至 9 月，笔者前往日本九州大学、日本外交史料馆、东京大学东洋文化研究所和国会国立图书馆进行过资料搜集工作，找到了清末一些日本法律专家所写下的关于清末法制变革的文章、当时政府间留下的珍贵的外交史料、当今权威专家对清末来华日本法律专家的研究成果等日文资料。就笔者所知范围，日本学者对冈田朝太郎的研究成果如下，岛田正郎于1965年10月在明治大学法律研究所杂志《法律論叢》的第39卷第一、二、三号上发表文章《清末における刑律草案の編纂について―岡田朝太郎博士の業績をしのんで》（《关于清末刑律草案的编纂――忆冈田朝太郎博士的业绩》）。宫坂宏于1970年在《仁井田升博士追悼論文集第3卷――日本法とアジア》一书中发表文章《清国の法典化と日本法律家――清末の刑法法典編纂の問題について》（《清国的法典化和日本法律专家――论清末刑法法典编纂的问题》）。小林好信于1979年7、8月在《法律時報》第51卷第8、9号上发表文章《岡田朝太郎の刑法理論-1》和《岡田朝太郎の刑法理論-2》。西英昭于2007年3月在《法史学研究会会報》第12号上发表《清末民国時期法制関係日本人顧問に関する基礎情報》（《关于清末民初和法制史相关的日本顾问的基本信息介绍》），其中在该文章的开头对冈田朝太郎进行了介绍。西英昭另于2010年3月在《法史学研究会会報》第15号上发表《岡田朝太郎について. 附著作目録》（《关于冈田朝太郎. 附著作目录》）。中岛三知子于2013年3月在《尚美学園大学総合政策研究紀要》第22、23号上发表文章《田能村梅士と岡田朝太郎：唱道者と実践者》（《田能村梅士和冈田朝太郎：倡导者和实践者》），该文指出冈田朝太郎博士的来华动机和田能村梅士对东洋法制史研究的倡导有很大的关系。

日本学者对冈田朝太郎的研究成果中，岛田正郎和宫坂宏的文章中主要参考的是中文文献，介绍了清末法制变革的过程及冈田朝太郎起草完成的刑律草案的结构及意义。小林好信的文章对冈田朝太郎的刑法理论进行了介绍，但并未涉及冈田朝太郎与清末法制变革的关系。西英昭对冈田朝太郎所写的文章按照发表时间进行了罗列，但并没有对文章的内容进行细致的分析。中岛三知子的文章中并没有具体分析冈田朝太郎与清末法制变革的关系。

再从欧美学者的研究成果来看，就笔者所知范围，研究过冈田朝太郎的欧美学者有任达。在其著作《新政革命与日本——中国，1898—1912》中，设有一个标题为"刑法改革与冈田朝太郎博士"的部分，对冈田朝太郎进行了 500 字左右的描述，简单地介绍了他的整个来华过程。①

总体而言，学者们对有关冈田朝太郎与清末法制变革的史料和资料的收集和分析尚有一定的完善空间。本文主要使用文献分析法，对笔者获取的新的日文史料及资料进行整理和分析，并结合现有的中文资源，试图厘清冈田朝太郎和清末法制变革的关系。期盼笔者的论文能抛砖引玉，使更多的学者去关注清末法制变革中应聘来华的日本法律专家，从一个新的角度去审视清末法制变革，以期对当下法制建设能有所启示。

---

① 参见［美］任达. 新政革命与日本—中国（1898—1912）［M］. 李仲贤，译. 南京：江苏人民出版社，1998：203-204.

目　　录

一、冈田朝太郎的性格特征及刑法思想

(一)来华前的经历

冈田朝太郎于明治元年①(1868年)五月二十九日出生在美浓大垣南切石村，是旧大垣藩士②冈田平八的长子。从小因家境贫寒，明治十二年(1879年)即11岁时小学辍学，之后见习陶器书画，靠做陶器书画工糊口一直到14岁。明治十五年(1882年)进入东京外国语学校开始学习法语，③后在第一高等中学完成大学预备科。明治二十一年(1888年)进入帝国大学

① 日本自1868年1月1日起采用"明治"年号，明治元年一月一日即为公元1868年1月1日。

② 藩士是对日本江户时代从属、侍奉各藩的武士的称呼。

③ 冈田朝太郎除了会德语和法语之外，还懂意大利语和西班牙语等。他曾担任过政府重要人物伊藤博文的翻译。据逸闻记载：某日，冈田朝太郎担任伊藤博文和某外国使节间的翻译。在翻译过程中，冈田朝太郎不慎将意思译反，遭到了伊藤博文的埋怨。结果却因祸得福，使得外交事宜意外顺利进展，为此伊藤博文还特别感谢了冈田朝太郎，此事一直传为趣谈。详细内容请参见[日]佐瀬昌三. 岡田朝太郎博士の憶ひ出[J]. 法律論叢，1937年(昭和十二年)第16卷第1号：103。佐瀬昌三(1902年7月8日—2001年6月23日)是日本的政治家和法律家，曾担任过众议院议员、法官和日本法政大学教授。昭和五年(1930年)成为法政大学的讲师，赴法留学两年，其间从属巴黎法科大学刑事法学研究室，专攻刑事法学。在法期间，受冈田朝太郎之托，收集当时欧美各国各州的刑法典以及权威注释刑法等的著作，和冈田朝太郎有一定的交往。伊藤博文(1841年10月16日—1909年10月26日)，德川幕府末期长州藩士出身，日本近代政治家。他还是日本首任内阁总理大臣、枢密院议长和贵族院院长，首任韩国总监，明治宪法之父，立宪政友会的创始人。1909年10月，伊藤博文在哈尔滨遭朝鲜爱国义士安重根刺杀而身亡。他一生最大的贡献是草拟明治宪法和组织两院制议会。

法科大学①开始学习法国法。② 明治二十四年（1891 年）七月冈田朝太郎从帝国大学法科大学毕业，获得法学士，之后继续进入该校研究生院攻读刑法专业研究生，其专业为刑事人类学。③ 明治二十六年（1893 年）九月冈田朝太郎研究生毕业后留校任教，担任帝国大学法科大学的刑法讲座讲师，明治二十七年（1894 年）五月三十一日升任副教授。除了在帝国大学法科大学担任讲座工作，冈田朝太郎还在其他私立法律学校兼职讲授刑法。

　　明治三十年（1897 年）三月为了研究刑法，在帝国大学法科大学特选的基础上，冈田朝太郎接受文部省的任命，去法国和德国两国留学，④ 之后又转学意大利，⑤ 明治三十三年（1900 年）七月回国。⑥ 明治三十三年（1900 年）七月二十一日被授予教授职称。⑦ 同年（1900 年）九月兼职警察

---

　　①　即为当今东京大学法学部的前身。

　　②　冈田朝太郎曾在回忆录中提到自己参与过砚友社活动，写过一部小说《妾薄命》，并靠这部小说的稿费完成了自己学费的缴纳。详细内容请参见［日］冈田朝太郎. 砚友社时代を思ひ出す［J］. 文芸春秋，1934 年第 12 卷第 8 号：9-10。可见学生时代的冈田朝太郎经济状况比较贫困，但那时的他已才华初显。砚友社是日本近代的第一个文学团体，1885 年由尾崎红叶等四人组成，并发行《我乐多文库》杂志，鼎盛期其成员一百多人。1888—1898 年（明治二十至三十年代）左右，砚友社成为日本文坛的核心势力，并出现所谓的砚友社时代。

　　③　［日］冈田法学士大学院に入る［N］. 読売新聞，1891-09-24（2）。读卖新闻是日本三大综合性日文对开报纸之一，于 1874 年 11 月 2 日创刊于东京，创始人是子安峻。初为市井小报，持"俗谈平话"的编辑方针，以刊载通俗小说为主要特色，办报方针是"要敢于同左右两翼独裁思想作斗争"。

　　④　冈田朝太郎在德国留学期间，师从著名刑法学者李斯特（Franz Von Liszt，1851—1919 年）。

　　⑤　在当时的日本，有大学教师在任教期间须到国外进修的惯例。

　　⑥　冈田朝太郎回国之后，模仿德国李斯特研究室，在东京帝国大学设立了刑法研究室，该研究室以拥有大量藏书为傲。并模仿李斯特研究室的做法，出版系列丛书。其中，其弟子法学学士岩井尊文出版了单行论著《不作为犯论》，弟子法学博士松原一雄出版了单行论著《过失论》，这在发行单行论著困难的年代是很了不起的事情。［日］牧野英一. 冈田朝太郎先生の永逝［J］. 法学協会雑誌，1936，54（12）：76.

　　⑦　冈田朝太郎是东京帝国大学明治时代（1868—1912 年）担任刑法讲座的唯一一位教授。［日］牧野英一. 冈田朝太郎先生の永逝［J］. 法学協会雑誌，1936，54（12）：75.

监狱学校教授，同年（1900 年）十一月被任命为法典调查会委员，① 参与日本法制变革工作，在此过程中，冈田朝太郎对旧刑法的改革投入了巨大的热情。② 明治三十四年（1901 年）六月获得帝国大学法科大学法学博士学位。

从明治三十八年（1905 年）五月二十四日至九月二十一日，冈田朝太郎参与了当时著名的"帝大七博士事件"。该事件包括一系列活动，其起始活动是明治三十六年（1903 年）六月十日，东京帝国大学教授六人即户水宽人、富井政章、小野塚喜平次、高桥作卫、金井延、寺尾亨，外加学习院教授中村进午合计 7 人，在日俄战争即将爆发前，给当时的内阁总理大臣桂太郎、外务大臣小村寿太郎写了一封意见书。明治三十六年（1903 年）六月二十四日的《东京朝日新闻》的第四版报道了该意见书的全部内容。意见书指责当时桂太郎内阁的软弱外交，指出"若失去满洲和朝鲜，日本的防御将会处于危机"，提出要让俄国完全撤离满洲。七博士试图给内阁施加压力，希望内阁对俄国采取强硬的武力外交路线。随着国内外情势的发展，明治三十七年（1904 年）爆发了日俄战争。当战争持续到明治三十八年

---

① 在明治维新中，日本对西方法制大量继受。在短短的十年内，制定并公布了 8 部法律：《刑法》（1880 年）、《刑事诉讼法》（1880 年）、《宪法》（1889 年）、《法院组织法》（1889 年）、《行政诉讼法》（1890 年）、《商法》（1890 年）、《民事诉讼法》（1890 年）和《民法》（1890 年），其中有的简直就是外国法律的翻译，例如《民事诉讼法》几乎就是当时《德国民事诉讼法》的翻译本。在这 8 部法律中，只有《民法》很是特别，是上述情形的一个例外。围绕着《民法》发生的"法典论争"，被人们以之与发生在德国的法典论争相提并论，议论不休。日本明治政府就是在这样的背景下设立了法典调查会，因此该法典调查会起初是为起草新民法所设，开端于 1893 年（明治二十六年），以伊藤博文为总裁、西园寺公望为副总裁，以穗积陈重、富井政章、梅谦次郎三人为起草委员，另以数十人为委员，冈田朝太郎就是其中的一位。

② 冈田朝太郎是明治时代日本刑法学界的重要人物，他深知 1880 年日本旧刑法的不完善已久，多年来一直持有修正旧刑法的热情，并积极投身于旧刑法的改革。在刑法改正草案提交议会审议时，当时朝野反对意见非常强烈，冈田朝太郎竭力支持修正案，最终修正案终获议会通过。因为此事，冈田朝太郎的名声也为之一振，甚是光彩。具体内容请参见［日］日本力行会编纂．现今日本名家列传［M］．东京：日本力行会出版部，1903：194.

（1905 年）五月，日本政府试图和俄国议和。此时，户水宽人、金井延、寺尾亨、中村進午和冈田朝太郎等博士于明治三十八年（1905 年）五月二十四日发表《国家百年的大计》，宣扬战争持久论。当日本政府开始和俄国议和时，户水宽人教授等又于明治三十八年（1905 年）六月十一日向内阁提出自认为合理的讲和条件。因此于明治三十八年（1905 年）八月被文部大臣久保田让给以"暂时停职"的处分。明治三十八年（1905 年）九月二十一日，户水宽人、金井延、寺尾亨、中村進午、建部豚吾、冈田朝太郎六位博士联名上书宫内省反对朴茨茅斯条约。文部大臣久保田让又通过东京帝国大学校长山川健次郎再次对户水宽人等做出了"依愿免职"的处分，其中冈田朝太郎也是被处分的博士之一。① 这一处分引起了东京帝国大学和京都帝国大学众多教授的反感，他们宣称："文部大臣的举动侵害了大学的自治和学问的自由权，我们要集体辞职。"②

在此期间，冈田朝太郎于明治三十八年（1905 年）九月在《国家学会雑誌》上发表长达 12 页的文章《分限令の解釈と教授の言論》来明确表达"文部大臣不应剥夺大学教授言论自由权"的观点。③ 明治三十八年（1905 年）十二月六日，在东京帝国大学校长山川健次郎辞职的前提下，穂积陳重、金井延、寺尾亨、高桥作卫、建部豚吾、户水宽人和冈田朝太郎等博士向新校长提交辞职信，该事件在东京帝国大学引起了不小的风波。④

---

① 参见［日］冈田朝太郎等口授. 检察制度［M］. 郑言笔述、蒋士宣编纂. 北京：中国政法大学出版社，2003："前言"第 5 页。该书中指出冈田朝太郎是 1905 年因公开批评政府在朴茨茅斯和平条约谈判中"对俄软弱"而被全部免职的"帝大七博士"之一。

② ［日］宫武实知子.「帝大七博士事件」をめぐる輿論と世論：メディアと学者の相利共生の事例として［J］. マス・コミュニケーション研究，2007（70）：159.

③ 文章中对文部大臣根据日本《文官分限令》（是指 1899 年公布的关于文官身份及其职务本分的相关规定）第十一条第四号关于停职的相关规定对户水宽人教授作出处分的做法的合理性提出质疑，进而提出应该充分保障大学教授的言论自由权的观点。此文是冈田朝太郎于 1905 年 9 月 13 日晚一气呵成写就的。具体内容请参见［日］冈田朝太郎. 分限令の解釈と教授の言論［J］. 国家学会雑誌，1905，19（10）：13-24.

④ ［日］帝国大学の大紛擾［N］. 読売新聞，1905-12-06（2）.

在众多压力之下，文部大臣不得不于明治三十九年(1906年)一月恢复户水宽人和冈田朝太郎等教授的职务。①

(二)性 格 特 征

综合多方面信息，笔者认为冈田朝太郎的性格中主要有以下两个特征：其一是不循规蹈矩，其二是推崇言论自由。

冈田朝太郎性格中最重要的特征是不循规蹈矩。有一篇发表于1906年的题为《冈田博士的余技》的文章中介绍了冈田朝太郎的往事：一天，有许多学界精英受到邀请共同参加一个宴会，冈田朝太郎也在其中。宴会中，主人的女儿请大家给她签名留念，大家都是中规中矩地签了自己的名字。唯独冈田朝太郎一人，先在本子上画了一个地球，然后在地球上画了一棵树，在树上写上"人道"，最后才签上自己的名字，冈田朝太郎的签名让主人的女儿非常高兴。②

这种性格也影响着冈田朝太郎在学术上的观点，表现出一种标新立异、探索求新的精神。日本学者木村龟二③在追忆冈田朝太郎博士的文章中写道：冈田博士是向日本刑法界引进"刑的执行犹豫制度(即现在的缓刑制度)"和"对冤狱者进行国家赔偿制度"的第一人。④

冈田朝太郎探索求新性格特征的形成，或许与他所处的历史时代和家庭背景有关。冈田朝太郎出生时，正逢日本如火如荼地开展明治

---

① ［日］宫武実知子.「帝大七博士事件」をめぐる興論と世論：メディアと学者の相利共生の事例として［J］. マス・コミュニケーション研究，2007(70)：159.

② ［日］法律経済新報社. 近世法曹界逸話［M］. 东京：法律経済新報社，1906：83-85.

③ 木村龟二(1897年11月5日—1972年3月15日)是日本著名的主观主义刑法学大家，曾担任日本东北大学名誉教授。

④ ［日］木村龟二. 岡田朝太郎博士［J］. 法律時報，1936，8(12)：39.

维新运动①，整个社会发生了巨大的变化，旧的制度和观念被改变，新事物、新观念和新制度不断出现，这样一个日新月异的社会对冈田朝太郎的性格养成产生了影响。另一方面，其家庭背景对他的影响也是很大的。作为社会中下层武士家庭出身的冈田朝太郎，从小受到的管束和教导相对较少，因此他思想中的条条框框也是有限的，对新事物有着很强的敏锐度，有追求新事物的激情。

冈田朝太郎求新的性格还和他的求学经历有一定的关系。冈田朝太郎起初是在东京外国语学校学习法语，年仅14岁的冈田朝太郎选择学习法语的具体原因我们无从知晓，但笔者认为并非一个偶然或随意的选择。1868年明治维新之后，新上台的明治政府积极与西方交涉，试图修改不平等条约，废除领事裁判权。但西方却以日本的法律秩序尚未达到文明国家的程度作为理由，拒绝了明治政府的要求。在西方列强的压力之下，明治政府从19世纪70年代中期开始实施法制变革。在改革的最初阶段，明治政府主要以法国为学习对象，从法国巴黎大学聘请了保阿索那特教授，在其指导下，以法国法作为参照对象，先后制定了刑法、民法、商法等法典，在这样的时代背景下，冈田朝太郎选择学习法语，清楚地表达了他对于时代潮流的认知和追随，也反映出他求新求变的性格特征。

冈田朝太郎从11岁小学辍学一直到14岁，从某种角度来看，他是没有学业积累或良好的家庭文化熏陶的。作为一个积极进取的少年来说，唯有紧跟着时代潮流的步伐，才是取得成功的捷径。熟悉外语的他首先获得了认识西方的一个重要语言工具，之后他又在东京帝国大学法科大学开始学习法国法。1891年7月获得法学士学位的冈田朝太郎继续进入该校研究

---

① 明治维新是指19世纪60年代末日本在受到西方资本主义工业文明冲击下所进行的，由上而下、具有资本主义性质的全盘西化与近代化改革运动。这次改革始于1868年明治天皇建立新政府，日本政府在政治上进行近代化改革，建立君主立宪政体；经济上推行"殖产兴业"，学习欧美技术，进行工业化浪潮；并且提倡"文明开化"、社会生活欧洲化，大力发展教育等。这次改革使日本成为亚洲第一个走上工业化道路的国家，逐渐跻身于世界强国之列，是日本近代化的开端，是日本近代历史上的重要转折点。

生院攻读刑法学专业。东京帝国大学 1878 年成立，法学是其最初创建的学科之一，但刑法学专业的基础相当薄弱，刑法学专业没有自己的专任教师，只有兼职教师。冈田朝太郎硕士研究生毕业之后就立即留校，成为当时东京帝国大学刑法学专业的第一位专任教师，这也为冈田朝太郎学术上的探索创新提供了很大的空间，促进了其创新性格的发展。任教后第二年即 1894 年，年仅 26 岁的冈田朝太郎就出版了轰动当时日本法学界的长达 1134 页的重要刑法学著作《日本刑法论总则之部》，紧接着在 1896 年，冈田朝太郎出版了《日本刑法论各论之部》，这两本书给他带来了巨大的荣誉。① 1897 年，他被文部省派往法国和德国两国去留学，之后又转学意大利。外国法特别是德国法带给冈田朝太郎巨大的震撼和启发。从 1897 年到 1900 年的 4 年间，冈田朝太郎不仅亲身接触到了西方的法律文化和法律制度，更为重要的是他在德国留学研修期间，师从德国当时著名的法学家李斯特。从李斯特教授那里，冈田朝太郎学习到了正统的德国法学理论，这为他以后的学术道路和投身日本旧刑法的改革奠定了重要的基础，也是他能在年仅 32 岁时就获得教授聘任的重要原因。

1900 年 11 月，冈田朝太郎被任命为法典调查会委员。法典调查会成立于 1893 年，起初是为起草新民法所设，总裁伊藤博文、副总裁西园寺公望及三位起草委员穗积陈重、富井政章、梅谦次郎都是名声赫赫。冈田朝太郎从 1900 年 11 月开始参与其中，为日本刑法改革贡献自己的力量。② 经过多年数次的争论和修改，1907 年，在以冈田朝太郎、胜本勘三郎等为

---

① [日]牧野英一. 岡田朝太郎先生の永逝[J]. 法学協会雑誌，1936，54(12)：73.

② 日本旧刑法于 1880 年 7 月被公布施行不久，随着刑法学理论的飞速发展，在日本近代资本主义的急剧发展、工业化初期的犯罪率上升、以 1881 年政变为契机而导致的旨在确立天皇制国家的明治宪法的制定的客观背景下，以德国法取代法国法而作为典范的法律根本性改革被提到了日程上，刑法也不例外。冈田朝太郎深知旧刑法的不完善已久，多年来一直怀有改正的热望，积极投身于旧刑法的改革中。详细内容请参见李海东. 日本刑事法学者(上)[M]. 北京：中国法律出版社，东京：日本国成文堂，联合出版，1995：18.

首的支持"新派"刑法理论的刑法学者的努力之下①，以1871年德国刑法为蓝本成功制定了日本新刑法典，并在翌年实施。② 日本1907年新刑法能一直适用至今，其中冈田朝太郎功不可没。

恰逢此时，清政府高薪聘请外国专家，求新的个性使得他愿意到新的国度去开发属于自己的"刑法天地"。综上所述，社会的大背景和冈田朝太郎自身独特的经历造就了他不循规蹈矩的个性。

除了探索求新的性格特征之外，冈田朝太郎的另一重要性格特征是推崇言论自由。纵观冈田朝太郎参与"帝大七博士事件"的始末，笔者发现冈田朝太郎在一开始并未参与"帝大七博士事件"，可见冈田朝太郎在日俄问题上并没有明确的观点。但当1904年2月8日事态不可逆转地进展到日俄开战、文部大臣的举动又侵害了大学的自治权时，冈田朝太郎立即参与了"帝大七博士事件"，还专门撰文明确表达自己的观点，认为"文部大臣不应剥夺大学教授言论自由权"。

此外，冈田朝太郎对川柳也很感兴趣。川柳是日本诗的一种，由17个音节组成，按照5、7、5的顺序排列，以口语为主，没有季语和助动词的限制，比较自由，多用于表达心情，或者讽刺政治或时事。冈田朝太郎的川柳曾因措辞尖锐，遭受过恶评，③ 这也从另一个方面表现出冈田朝太郎不循规蹈矩、不受拘束，甚至口无遮拦的性格特征。

从参加"帝大七博士事件"到喜爱川柳，还因发表措辞尖锐的川柳而遭恶评的种种事情上看来，笔者认为冈田朝太郎推崇言论自由的性格特征显而易见。

---

① ［日］中山敬一.胜本勘三郎［J］.法学教室，1993（6）：88。中山敬一提出实现日本新旧刑法"转轨"的引导人，是日本刑法学界公认的两位"我国新派刑法学的先驱"，即师从李斯特的东京大学刑法学讲座首席专任讲师冈田朝太郎与师从龙布罗梭的京都大学刑法学讲座首席专任讲师胜本勘三郎。

② ［日］松尾浩也.日本刑法学者のプロフイール1 連載の始めに［J］.法学教室，1993（4）：79.

③ ［日］西英昭.岡田朝太郎について（附.著作目録）［J］.法史学研究会会報，2010，3（15）：162.

(三)刑 法 思 想

提及冈田朝太郎的刑法思想,首先值得关注的是 1894 年《日本刑法论总则之部》和 1896 年《日本刑法论各论之部》。这两本书是冈田朝太郎 1897 年去德国、法国和意大利留学之前针对日本旧刑法所写的著作。日本学术界通常把这两本书合称为《日本刑法论》或《刑法论》。在这两本书中,《日本刑法论总则之部》是重中之重,《日本刑法论各论之部》是《日本刑法论总则之部》的续编。①

据冈田朝太郎的弟子牧野英一回忆:冈田朝太郎先生的《日本刑法论》是明治时代被阅读得最广泛的刑法书,当时甚至可以用"洛阳纸贵"来形容冈田朝太郎先生的书受欢迎的程度。② 明治时代的刑法学是在冈田朝太郎先生的《日本刑法论》的基础上建立起来的,此后日本才有自己本国所固有的刑法学。③ 可以说冈田朝太郎是日本明治刑法学的开拓人,正如小野清一郎所述:《日本刑法论》在解释论上很大程度继承了富井政章与宫城浩藏的方法,在沿革和政策理论方面多有建树,实现了整体上的体系化。④

木村龟二也在追忆冈田朝太郎博士的文章中写道:冈田博士是我国明治刑法学的集大成者。之后因冈田博士应聘去清国,参与其刑律的起草,于是他把东京帝国大学的讲座就移交给了当时还很年轻的牧野(英一)博士。我国的刑法论是以牧野博士的比较法的方法和主观主义为中心发展而

---

① [日]牧野英一. 理窟物语[M]. 东京:日本評論社,1940:147-148. 李海东. 日本刑事法学者(上)[M]. 北京:中国法律出版社,东京:日本国成文堂,联合出版,1995:21-22.

② [日]牧野英一. 岡田朝太郎先生の永逝[J]. 法学協会雑誌,1936,54(12):75.

③ [日]牧野英一. 理窟物语[M]. 东京:日本評論社,1940:147-148.

④ [日]小野清一郎. 刑法学小史. 刑罰の本質について. その他[M]. 东京:有斐閣,1955:413.

来的，但刑法上比较法的使用是最先从冈田博士开始的。①

除了力作《日本刑法论》之外，冈田朝太郎还于1902年发表影响较大的论文《缓刑》，该文详细介绍和肯定了这个刚刚问世的新刑罚制度，被称为"具有先驱性的见解"，因此冈田朝太郎被称为"将缓刑思想介绍到日本的第一人"。②

1902年冈田朝太郎还发表文章《对冤罪者的国家赔偿法》，详细介绍西方国家关于冤狱赔偿制度的起源、发展和现状，并力主在日本刑法改革中实行此制度。③

1903年冈田朝太郎根据自己的留学新得，撰写了《刑法讲义》（全集），这是第一部在德国法学概念基础上构筑的刑法学著作，有着明显的"德国刑法学的思考"特征，内容也涉及许多尚不为日本刑法理论乃至法国刑法学所知的刑法技术领域。④ 从《刑法讲义》一书中可见冈田朝太郎因受留学经历以及当时社会思潮的影响，在刑法学研究的内容、方法、范围等方面都发生了变化，重点体现在犯罪论和刑罚论方面的变化，表明冈田朝太郎在李斯特实验室实现了刑法观由"旧派"向"新派"的飞跃。

当时西方刑法学术界存在着"旧派"和"新派"的区别，"旧派"的重要特征是客观主义，而"新派"的重要特征是主观主义。客观主义者在实践中将罪刑法定主义机械地理解为法官的"对号入座"，行为被孤立地置于刑事政策的中心，刑罚原则上是道义的等价报偿，并不涉及刑法自身的功利目的，这种观点显然不能适应当时社会发展的需求。而以主观主义思想为特征的"新派"则把刑法的中心从"行为"转向了"行为人"。"新派"主观主义

① ［日］木村龟二．冈田朝太郎博士[J]．法律时报，1936，8(12)：39.
② ［日］小林好信．冈田朝太郎の刑法理論-1[J]．法律时报，1979，51(8)：190.
③ 笔者认为这是冈田朝太郎和沈家本在司法责任的归属问题上有着不同主张的根本原因。因冈田朝太郎试图积极推行西方国家的冤狱赔偿制度，所以他自然会主张追究国家责任，但沈家本则主张重在追究法官责任。关于冈田朝太郎和沈家本在司法责任的归属问题上的不同主张的详细内容请参见杜钢建．沈家本冈田朝太郎法律思想比较研究[J]．中国人民大学学报，1993(1)：96-98.
④ ［日］小林好信．冈田朝太郎の刑法理論-1[J]．法律时报，1979，51(8)：181.

者强调刑法的刑事政策目的，将对犯罪人的特殊预防置于刑事政策与刑法的中心，强调刑法实践的实际效果，给予法官部分裁量余地，与刑罚的正义性相对，在技术上更强调它的功利性，① 其突出的代表学者是德国刑法学家李斯特。"新派"主观主义特征非常明显的李斯特刑法思想对冈田朝太郎产生了很大的影响，使1903年以后冈田朝太郎的刑法思想明显带有"新派"主观主义特征。

冈田朝太郎刑法观中的另一个重要特征是进化主义。当时日本著名法学家穗积陈重②和富井政章是这种学说的代表。

穗积陈重曾提出：未来法律学的发展方向将是进化主义。③ 穗积陈重的法学思想是以达尔文的进化论为基础而产生的，冈田朝太郎也认同社会进化主义的观点，认为法律的一般原理与支配生物界的一般原理有着共同的基础。支配生物界的一般原理是生存竞争、自然淘汰、适者生存和优胜劣败的自然法则，适者的生存与发展的状态就是进化。国家是作为人类生存竞争的结果而产生的团体，而法律则是从生存竞争的必要规则中产生的。人类的共同社会生活，是人类生存的必要条件；而国家生存的必要条件即为社会全体生存的必要条件。通过国家的强制力确保国家生存的必要条件，即为法律。冈田朝太郎进一步论证道：在社会生活中，生存竞争表现为个人与个人的冲突，周而复始，形成新的竞争，其结果是强者的优胜。为了社会的发展，就必须承认一个较个人的力量更强大的力量，并通

① 李海东. 日本刑事法学者（上）[M]. 北京：中国法律出版社，东京：日本国成文堂，联合出版，1995：26.

② 穗积陈重[安政二年七月十一日（1855年8月23日）—大正十五年（1926年）四月七日]是日本著名的学贯东西、博古通今的资深法学大家，日本近代法律的主要奠基人，一生成就颇丰。历任东京帝国大学法学部长、帝国学士院院长、贵族院敕选议员和枢密院议长。曾于1884年系统地提出了法律进化论的思想，他认为世界上的法律制度，一般可以分为五大族：印度法、中国法、伊斯兰法、英国法和罗马法；1904年，他又在原先五大法族基础上，增补了斯拉夫法和日耳曼法，从而划分为七大法系。穗积陈重于1924—1927年完成的《法律进化论》，更是其代表著作。

③ [日]穗积陈重. 穗积陈重遗文集（第四册）[M]. 东京：穗积奖学财团出版、岩波书店发行，1934：397-399.

过这种力量来保护社会生存所必不可少的条件。国家刑罚权是淘汰否定人类社会生活必要条件的强制力，而刑罚则是这种淘汰的方法而已，因此刑罚的范围应限于淘汰否定人类国家生活的所为所必不可少的范围。① 冈田朝太郎在其影响甚大的《刑法总论》讲义中，开篇就阐述了他的刑法进化论观点：

> 时日既日变，刑法亦宜变；旧者不便，宜取新者；己所不便，宜取诸人，以人有已成之基础也。②

这句话中包含如下观点：当一国法制处于落后状况时，若该国习惯历史与列国风潮发生矛盾，当舍己从人为是。

总体而言，冈田朝太郎的刑法学具有"新派"主观主义的特征，并且以刑法进化论为其重要基础。下面笔者从犯罪论和刑罚论两个角度对冈田朝太郎的刑法思想进行介绍。

1. 有关犯罪论方面的特色

提到冈田朝太郎的犯罪论，首先需要分析其对犯罪行为的界定，冈田朝太郎所认可的犯罪行为的定义为"对国家的生存条件所施加危害的所为"。此外，冈田朝太郎主张罪行法定，认为这是"今日一般文明国家之风潮"。③ 由于此犯罪论问题牵涉面过广，笔者在此只能分述冈田朝太郎在此方面的一些有特色的主张，这些主张集中体现在冈田朝太郎从德国留学归

---

① 李海东. 日本刑事法学者（上）[M]. 北京：中国法律出版社，东京：日本国成文堂，联合出版，1995：27-28.

② ［日］冈田朝太郎：刑法总论[M]. 第2-4页。转引自李启成. 冈田朝太郎与晚清废除比附援引——兼论法律进化论在近代中国的影响[A]. 中国法律史学会2012年学术年会论文集（下）[C]. 南京师范大学法学院，2012年11月10日—11日：1041.

③ 黄源盛. 清末民初近代刑法的启蒙者——冈田朝太郎[A]. 黄宗乐教授六秩祝贺——基础法学篇[C]. 台北：学林出版公司，2002：171.

来所著的被称为"应被纪念的著作"①即《刑法讲义》一书中。在该书中，冈田朝太郎首先将犯罪关系理论领域中的因果关系、不作为犯、间接正犯和未遂理论等刑法课题，从德国引进日本刑法学中，有效地推动了日本刑法学的积极发展。

在因果关系问题上，冈田朝太郎继承了李斯特等人所主张的"条件说"。在"举动在何时成为原因"的问题上，对当时日本社会流行的"原因理论"进行了反驳。当时日本社会流行的"原因理论"认为原因分为两种：一种为重大原因，即主原因。另一种为条件、补助原因，即从原因。冈田朝太郎提出这个学理看似有力，但在实践中是很难操作的。其后冈田朝太郎举例证明自己的想法，"放火烧家举动为被焚之原因，使所造之屋为铁、为石，将焚之不燃。惟其屋系竹木所造，易于引火，是亦一原因也"，故无法说明导致结果发生最有力的证据是"放火"还是"房屋燃烧"，因此所谓的"主原因"和"从原因"是很难区分的。冈田朝太郎认为行为能否成为导致一结果发生的原因，以"假设无此行为能否发生此结果"为准则来判断，例如"有放火烧毁建筑物者，若无放火之动作，其建筑物虽木造者，决不至归于乌有"，那么放火这个行为即为原因；又如"若被害者为婴儿，虽为轻微之殴打，亦导致死亡。其殴打力虽不重大，然无此行为，则不生死亡之结果，故此即可论为原因也"。换句话说，冈田朝太郎主张一个行为能否成为一个结果的原因，应当根据如果没有这个行为同一结果能否发生来判断。在取决于（被害人）自己的行为、第三人的行为抑或自然力的不同情况下，作为原因的行为与作为结果的外界影响之间的联系已经断开了，因此这时应当认为刑法中的因果关系已经中断，即"参入自然力，或无责任人力，以致防止②其举动所应生之影响

---

① ［日］阿部纯二、木村龟二．明治法律学校創設同時の刑法及び刑事訴訟法の講義とその内容，明治法律学校における法学と法学教育［M］．东京：明治法律学校出版，1966：118．

② 笔者认为此处的"防止"改为"阻止"显得更为合理。

时，即有因果联络之中断。"①可见冈田朝太郎在因果关系联络中断的论述中明显表现出"条件说"的立场。

在"不作为犯"这个刑法课题上，冈田朝太郎也做了积极的合理引进。首先，冈田朝太郎认为所谓的"作为犯"是指"有责任之积极动作，对刑法分则各条之禁止关系，而成为犯罪之行为者"，而"不作为犯"是指"有责任且违背防止结果义务之消极动作，对刑法分则各条之命令关系，而成为犯罪之行为者"。②

关于积极动作、消极动作之间的关系，当时的刑法学界有两种不同的学说，第一种学说认为这是不同种类的犯罪，第二种学说认为这是刑法各条中彼此关系的不同。根据第一种学说，积极动作、消极动作是不同种类的，因此应分别给予规定。第二种学说认为刑法规定的每类罪都有积极成罪和消极成罪之分，只是彼此关系不同而已。

冈田朝太郎赞同第二种学说，他举例说明。关于杀人、伤人等罪，积极成罪极易理解，但如乳母之不救护小儿，则为消极动作，刑法也处以杀人罪。杀人、伤人者，不应予以死伤之原因，为刑法上之禁止关系；应防止死伤之原因，为刑法上之命令关系。两种关系，刑法分则各条皆有之。不遵法律之禁止"积极动作"而成罪者，是作为犯；不从法律之命令"消极动作"而成罪者，是不作为犯。犯罪之成立，有积极成立者，有消极成立者，不能分法条区别作为犯和不作为犯，而应以手段的不同来区分。③

---

① 华夏等. 日本的法律继受与法律文化变迁[M]. 北京：中国政法大学出版社，2005：138.

② [日]冈田朝太郎(口述). 刑法总则[M]. 熊元翰，编，张勇虹，点校. 上海：上海人民出版社，2013：47.

③ 冈田朝太郎对作为犯、不作为犯的看法直接体现在《大清新刑律》草案中，该草案的第144条规定："凡行检察或警察之职务，或为补助者，经人告有被侵害权利之人，而不速为保护之处置者……"冈田朝太郎解释道："此条兼有消极积极二义，如袖手旁观，则以消极成罪；若发命令使警察不得过问，或自己走避，即以积极成罪。"另该草案的第325条规定："凡发现被遗弃之老幼，不具，或病者，而不与以相当之保护，或不申告……吏员者……"冈田朝太郎继续解释道："其中'不与以相当之保护'一词，兼有消极、积极两面之意义。如濒死人在自己邸内，饥不与食，寒不与衣，固为消极动作，若将濒死者移至空旷之处，即为积极动作，其手段不同，而成罪则同。"[日]冈田朝太郎(口述). 刑法总则[M]. 熊元翰，编，张勇虹，点校. 上海：上海人民出版社，2013：47-48.

关于间接正犯，冈田朝太郎曾发表文章《间接正犯（未定稿）》。① 对于间接正犯的研究，冈田朝太郎似乎并不充分，在《刑法总则》一书中并没有找到关于间接正犯的相关内容。② 冈田朝太郎发表在《法学协会杂志》上的关于间接正犯的文章的标题中附有"未定稿"字样，在《间接正犯（未定稿）》这篇文章中，冈田朝太郎从六个方面对间接正犯进行介绍。

在第一部分中，冈田朝太郎首先对间接正犯的概念进行界定，间接正犯是指利用无责任的他人的举动或被自己强制的他人的行为而造成有犯罪因素③的结果，④ 又被称为"无形的正犯"或"拟制的正犯"。⑤ 接着，冈田朝太郎分析直接正犯和间接正犯这两个概念的联系与区别。⑥ 在第二部分中，冈田朝太郎指出分析间接正犯这个概念中应该注意的两点：第一，如果"利用者"自身也是无责任的话，那么"利用者""被利用者"都无罪，例如疯人唆使疯人杀人。第二，海难中试图求生的人强取了另一个人的救生圈，另一个人又抢走了第三人的救生圈。在这个案件中，冈田朝太郎认为另一个人和第三人都是无罪的。⑦ 在第三部分中，冈田朝太郎分析无法成为直接正犯的犯罪分子是否可以成为间接正犯的问题，比如在强奸罪中女

---

① ［日］冈田朝太郎．间接正犯（未定稿）［J］．法学協会雑誌，1904，22（12）：1631-1642.

② 这里是指如下这本书：［日］冈田朝太郎（口述）．刑法总则［M］．熊元翰，编，张勇虹，点校．上海：上海人民出版社，2013 年版.

③ 文中将犯罪因素简称为"罪素"。

④ ［日］冈田朝太郎．间接正犯（未定稿）［J］．法学協会雑誌，1904，22（12）：1631.

⑤ "无形的正犯"或"拟制的正犯"这两个术语是当时法国派、德国派的学者和从事实务工作者喜爱使用的词汇。

⑥ 在这里，冈田朝太郎指出"直接正犯"这个概念最容易使人想起"自己实施犯罪的正犯"这层意思。接着，冈田朝太郎指出若"只以构成犯罪的举动"作为要素，而不以"是否构成犯罪结果"作为条件的话，可以将"使用者"理解为"间接正犯"，将"被使用者"理解为"直接正犯"，笔者认为这样的观点缺乏严谨性。冈田朝太郎在未彻底研究透彻的情况下，就贸然将"间接正犯"这个新概念引入日本刑法学界，这在某种程度上可见冈田朝太郎求新、求快的性格特征。

⑦ ［日］冈田朝太郎．间接正犯（未定稿）［J］．法学協会雑誌，1904，22（12）：1633-1634.

子是否可以成为间接正犯。① 在第四部分中，冈田朝太郎提出如下问题：间接正犯为了达成自己的目的而利用他人无责任举动或强迫他人实施一定的行为，间接正犯自然有罪，但若间接正犯促使无责任举动者或被强迫者的目的达成时，间接正犯是否应该有罪，这一问题也是非常值得探讨的。② 在第五部分中，冈田朝太郎对间接正犯和直接正犯的问题进行更进一步的分析。在分析的过程中，冈田朝太郎将被利用者的行为分为两大类：第一类为无责任举动，第二类为被强制的行为；第一类行为又分为缺乏责任能力的行为和缺乏责任条件的举动。以以上分类为基准，分析间接正犯和直接正犯之间的关系。③ 在第六部分中，冈田朝太郎提出：对利用者来说，是否知道被利用者具备构成犯罪条件与否也是值得讨论的，但该部分的内容只有这一句话，并未展开。④ 总体来看，相对于其他刑法专题而言，冈田朝太郎对这个专题的介绍仍有进一步拓展的空间。

在未遂理论方面，笔者觉得最值得一提的是冈田朝太郎对未遂犯的处罚意见。对于未遂犯的处罚，日本 1880 年旧刑法采取的是"必减主义"，理由如下：在破坏道义这一点上，未遂犯和既遂犯是相同的，但从实害的角度来看，两者还是有区别的。冈田朝太郎认为：在未遂的情况下，存在着行为人的原因、被害人的原因和偶然的外因等情况，在不同情况下，行为人的主观悔罪程度也是不同的，因此应该采用"得减主义"才是一个比较妥当的解决方案，应根据未遂犯在主观方面的情况决定不减、必减或可减。在日本刑法改正的过程中，针对未遂犯的处罚原则应采用"必减主义"

---

① [日]冈田朝太郎. 間接正犯(未定稿)[J]. 法学協会雑誌, 1904, 22(12)：1634-1637.

② [日]冈田朝太郎. 間接正犯(未定稿)[J]. 法学協会雑誌, 1904, 22(12)：1637.

③ [日]冈田朝太郎. 間接正犯(未定稿)[J]. 法学協会雑誌, 1904, 22(12)：1638-1642.

④ [日]冈田朝太郎. 間接正犯(未定稿)[J]. 法学協会雑誌, 1904, 22(12)：1642.

还是"得减主义"的问题，曾展开过激烈的争论。① 冈田朝太郎竭力主张采用"得减主义"，使得新刑法中的第43条最终以"得减主义"定案。

在关于不能犯的问题上，冈田朝太郎认为"不能犯"的最妥当的定义应为"凡法定以一定目的物或一定手段为某罪成立要素时，如其目的物或手段不存在，则虽误认为存在，试诸实行，而不能生结果，名曰不能犯"②。

针对不能犯，当时主要有两种学说。第一派学说认为不能犯可分为绝对不能犯和相对不能犯，这两大类中又可以分别分为关于目的物者和关于手段者。换言之，不能犯一共可细分为四大类。针对"不能犯"的处罚意见，又分三种：（1）部分学者认为绝对不能犯，不受处罚；相对不能犯，应受处罚。（2）部分学者认为关于目的物不存在时，无论绝对、相对，皆不生结果，皆得无罪。若手段不存在时，即可生危险之虞，亦无论绝对、相对，皆为有罪。（3）部分学者认为关于目的物不存在之绝对不能犯，无罪，其余皆有罪。第二派学说提出：关于"绝对"和"相对"之区别，表面上看上去似乎很明显，但在实际操作中都是空论。有学者指出第一派学说的"不能生结果者无罪"的观点是错误的，刑法上规定的所有的未遂犯，都是不能生结果者，诚如其说，则未遂犯皆不能罚，这明显是不合理的。因此，第二派学说认为若据事实言之，有意外之障碍，为未遂犯，有不能得结果之理由，为不能犯。③

在不能犯的问题上，冈田朝太郎赞同第二派学说的观点，认为没有必要进行"绝对"和"相对"的区别，并提出对不能犯直接断为有罪，照未遂犯

---

① 日本1880年旧刑法第112条规定：有心犯罪，其事已行，而为犯人之意外障碍或舛错而不获遂者，照既遂者之刑，减一等或二等。[日]牧野英一. 日本刑法通义[M]. 陈承泽，译. 北京：中国政法大学出版社，2003：264。日本1907年新刑法第43条规定：着手于犯罪之实行而未遂者，得减轻其刑。但因自己之意思而中止者，减轻或免除其刑。[日]牧野英一. 日本刑法通义[M]. 陈承泽，译. 北京：中国政法大学出版社，2003：64.

② [日]冈田朝太郎（口述）. 刑法总则[M]. 熊元翰，编，张勇虹，点校. 上海：上海人民出版社，2013：124.

③ [日]冈田朝太郎（口述）. 刑法总则[M]. 熊元翰，编，张勇虹，点校. 上海：上海人民出版社，2013：125-127.

处罚即可，但需要注意的是，完全无危险的行为，不成罪。① 这一观点表明冈田朝太郎的刑法思想并不完全属于"新派"，而带有"旧派"的烙印。

总体而言，冈田朝太郎刑法思想中犯罪论部分兼有客观主义和主观主义的特征。他将自己在德国的留学所得迅速介绍到日本刑法学界，很大程度上推动了日本刑法学界对外国刑法学的了解。同时，冈田朝太郎还尽可能将自己的刑法思想渗透到日本1907年的新刑法中。

2. 有关刑罚论方面的特色

在刑罚论方面，冈田朝太郎的主观主义特征非常明显，冈田朝太郎认为刑罚应该以感化为中心，在执行的过程中，应避免施与受刑人一切不必要的痛苦，应尽可能使受刑人能有规律地生活，并使之养成劳动的习惯。

---

① ［日］冈田朝太郎（口述）．刑法总则［M］．熊元翰（编）张勇虹（点校）．上海：上海人民出版社，2013：127。冈田朝太郎这一刑法思想直接体现在《大清新刑律》草案的第17条中，其具体内容为：凡谋犯罪已著手因意外之障碍不遂者，为未遂犯。其不能生结果之情形时亦同。该法条来源于《北洋法政学报》第45期，1907年，第33页。原法条中没有标点符号，笔者在引用时自行添加的，"其不能生结果之情形时亦同"即指不能犯。冈田朝太郎提出对全然无危险的行为，不给予处罚。例如在北京放枪，欲伤住居东京之日本人，以竹竿横铁路上，欲挑转火车，全是儿戏，并无危险，故不成罪。在这个问题上，冈田朝太郎超越西欧、日本刑法的现有规定，直接为刑律草案制定了独特的规定，可以说这是冈田朝太郎独特创新的地方。在我国当今的刑法理论中，不能犯未遂又称"不能犯"，其对称为"能犯未遂"。因犯罪人对有关犯罪事实认识错误，其犯罪行为根本不可能完成犯罪达到既遂，而使犯罪停止在未遂形态。如误用空枪、坏枪去射杀人，误把碱面当作砒霜去毒杀人，误认尸体为活人而开枪射杀，都属故意杀人罪中不能犯的未遂。西方刑法理论一般认为，行为是否具有侵害法益的实在危险性，乃是区分能犯未遂（未遂犯）与不能犯未遂（不能犯）的关键。在如何理解行为危险性即如何确定能犯未遂与不能犯未遂的区分以及不能犯未遂的内部分类上，主要有客观说与主观说两大派。在中国司法实践中，对不能犯未遂一般应较能犯未遂从轻处罚。在不能犯未遂内部，中国刑法理论主要将之又区分为工具不能犯未遂与对象不能犯未遂两种表现形式。至于外国刑法理论中在此之下，再区分为绝对不能犯与相对不能犯等层次，中国刑法理论一般认为，这样区分过于繁琐，而且也难有明确的标准而不易掌握，实际意义也不大，因而不再作这种划分。因此从某种角度来看，冈田朝太郎的刑法思想和当前中国的刑法理论有一定的契合度。或者换句话说，冈田朝太郎关于不能犯的相关主张在中国刑法中被继承和发展。

即使在万不得已的情况下实行死刑，那也不应该做"痛苦"的理解，它只是"绝对的淘汰策略"。为了达到预防或矫治犯罪的目的，对于少年犯，冈田朝太郎认为幼者无辨别心而犯罪，不能认为犯罪。但是如果没有任何处罚，恐为将来再度实施不法行为埋下后患，主张设立惩治场。如果其父母愿意送子入惩治场，则国家就代为保护教育，这些带有浓厚"保安处分"思想内涵的主张，在冈田朝太郎为清政府所起草的《大清新刑律》草案中都一一落实在具体的条文中。

鉴于监狱对于受刑人矫正和回归社会所产生的副作用，根据美国推行缓刑制度所产生的良好业绩，在日本刑法改革的过程中，冈田朝太郎还积极推行缓刑制度。日本1880年旧刑法中并没有关于缓刑制度的规定，后在冈田朝太郎的推动下，日本1907年新刑法增加了缓刑制度的相关规定。

冈田朝太郎还发表文章《对冤罪者的国家赔偿法》，详细介绍西方国家关于冤狱赔偿制度的起源、发展和现状，并力主在日本刑法改革中实行此制度，这一制度后来得以实现。

冈田朝太郎对死刑也有着自己的看法，他认为死刑是国家对付"给社会带来重大危害并且绝对不治的罪人"所采取的手段，它应该"存于明文而废于实践"，对它"应当以科学的进步的态度来把握"。社会是人，而死刑的适用则是断足断腕，必须慎重对待。在死刑问题上，冈田朝太郎不是一个死刑废止论者，是因为他的社会防卫主义理论立场；冈田朝太郎是一个死刑反对论者，是因为他主观主义新派刑法学的理论立场。①

总体而言，冈田朝太郎的刑法思想较大程度地体现了新派所主张的主观主义的特色，但也留有旧派客观主义的痕迹。可以说冈田朝太郎并没有形成自己独特的刑法体系，持有旧派夹杂新派的刑法观。

冈田朝太郎在日本刑法学界被誉为"明治时代刑法学的巨星"，② 是日

---

① 李海东. 日本刑事法学者（上）[M]. 北京：中国法律出版社，东京：日本国成文堂，联合出版，1995：34.

② 李海东. 日本刑事法学者（上）[M]. 北京：中国法律出版社，东京：日本国成文堂，联合出版，1995：34.

本明治时代著名的刑法学家，在日本东京帝国大学任教刑法学多年，对日本 1880 年旧刑法的发展和修正曾起过积极的推动作用，但李海东认为将冈田朝太郎描述成一个开拓者比较合适。① 冈田朝太郎第一个在理论上系统地、决定性地冲击了日本旧刑法理论，将近代主观主义刑法学的理念第一个系统性地表现了出来，成为了日本刑法改革和刑法理论"换代"的理论火车头。早和快，是冈田朝太郎刑法学的一个重要特点，冈田朝太郎的学术道路的基本特点是"只占大路、不顾两厢"，在他的本体刑法学被日本学界承认和接受后，他便一头投入比较刑法研究，很大程度上推动了当时日本学术界对外国刑事立法及其理论的了解。但冈田朝太郎的刑法理论本身存在着一个最根本的弱点即不彻底性，这个不彻底性首先表现在冈田朝太郎刑法学方法论上的不彻底性上。冈田朝太郎虽然是新派刑法学的旗手，但在他的法律理论方法与逻辑上具有较浓重的古典刑法理论概念刑法的特点，其理论的实证性是较弱的，因此小林好信认为"冈田朝太郎新派刑法论的展开是在旧派的框框中进行的"②。在大的问题上，冈田朝太郎的刑法理论往往进行形而上学的折中，寻找一个完美的答案，而较少进行刑法学本身的事实与逻辑论证。这个不彻底性其次表现在冈田朝太郎刑法理论内容的妥协性和折中性上，在对不能犯、死刑等问题的看法上表现出了其新派立场的不彻底性；在未遂犯问题的看法上，冈田朝太郎的刑法思想甚至偏离了主观主义刑法学的立场。③

(四) 小　　结

　　冈田朝太郎是一位勇于探索求新、推崇言论自由的学者。其求新的个

---

　　① 李海东. 日本刑事法学者(上)[M]. 北京：中国法律出版社，东京：日本国成文堂，联合出版，1995：35.

　　② [日]小林好信. 冈田朝太郎の刑法理論-2[J]. 法律時報，1979，51(9)：109-110.

　　③ 李海东. 日本刑事法学者(上)[M]. 北京：中国法律出版社，东京：日本国成文堂，联合出版，1995：36-37.

性与他积极主动应聘来华帮助起草《大清新刑律》、在应聘过程中不过分计较"顾问"头衔有着内在的联系。1906 年的冈田朝太郎正处于自己事业发展的巅峰期，这时的他毅然决定来华，试图在中国这片新土地上开拓一片新的异国"刑法天地"。因为他是一位推崇言论自由的学者，所以他在帮助修订《大清新刑律》草案的过程中，发表了若干观点鲜明的文章来抨击和中国封建礼教相关的一些条文，如子孙违犯教令、故杀子孙和无夫奸等，这些文章包括《论大清新刑律重视礼教》《冈田博士论刑律不宜增入和奸罪之罚则》和《冈田博士论子孙违犯教令一条应删去》等。①

在学术研究方面，因为他的重要研究方法是比较研究法，中华法系也是值得他研究的重要对象之一，因此他才会愿意来华。

在刑法思想领域中，冈田朝太郎是一位温和的社会防卫论者。在犯罪论方面，冈田朝太郎首先将因果关系、不作为犯、间接正犯和未遂理论等刑法课题，从德国引进到日本刑法学中，关于这些新的刑法理论都体现在了《大清新刑律》草案中。其中特别值得一提的是对于未遂犯的处罚问题，冈田朝太郎"得减主义"的主张不仅写入了日本 1907 年的新刑法中，也体现在了《大清新刑律》草案中。另外冈田朝太郎关于不能犯的观点，对于少年犯问题的处理思路，都体现在《大清新刑律》草案的具体条文中。

在刑罚论方面，冈田朝太郎一直坚持罪刑法定原则，坚持认为"法无明文不处刑"，对法律解释持慎重态度，同时积极倡导缓刑制度。在死刑问题上，冈田朝太郎不主张废除死刑，在死刑的执行方式上，冈田朝太郎主张只能采取绞或斩中的一种。这些思想都在《大清新刑律》草案中有所体现。

此外值得注意的是因为冈田朝太郎认同穗积陈重的法律进化论，所以其刑法观还有一个重要特征即进化主义。法律进化论的实质概括成一句话即为要无条件地向先进者学习，当时的先进者为欧美和日本，那么中国无

---

① 详细内容请参见李贵连、[日]松田惠美子. 清末の立法にみられる日本人法律家の影響[J]. 名城法学，1996，45（4）：16-22。另见李贵连. 晚清立法中的外国人[J]. 中外法学，1999（4）：4.

条件地向日本学习就是一条取得法制变革成功的捷径。

冈田朝太郎在京师法律学堂教授《刑法总则》课程时涉及各国刑法沿革，欧洲部分较详细，内容还算精当，日本和中国部分，甚为简略，远远谈不上精当和准确。就篇幅而论，欧洲将近 3 页，日本与中国不到 1 页，介绍中国只一行多字，内容如下："中国刑法法典，始于法经六篇，至隋唐始集大成，明清诸律祖述之，而无甚变化。"①因此可见，相对于欧洲法制而言，冈田朝太郎对中国和日本法制的了解还是相当薄弱的。

李启成老师认为正因为冈田朝太郎对中国法制史和日本法制史缺乏了解，才将比附援引和不应得为视为无任何实质性差别的制度规定，而竭力主张废除比附援引，引入西方的罪刑法定主义原则。在法律进化的时代思潮中，冈田朝太郎应聘来华，成了中国当时要引进的法律文明的承载者和导师。既然进化本身即意味着"真理"，冈田朝太郎对中国传统法制缺乏了解的事实，也就是无关紧要的枝节问题，甚至可被视为冈田朝太郎能免于传统束缚勇于追求"真理"的优势所在。②

笔者认为这也许就是其来华后参与清末法制变革的过程中，积极推行西方法律文化、漠视中国传统法律文化的思想根源，这种思想倾向使得《大清新刑律》草案中的诸多规定只体现了西方先进的法律文明，而视中国传统法律文化为落后的对象予以摒弃。

---

① ［日］冈田朝太郎（口述）. 刑法总则［M］. 熊元翰，编，张勇虹，点校. 上海：上海人民出版社，2013：8.

② 李启成. 冈田朝太郎与晚清废除比附援引——兼论法律进化论在近代中国的影响［A］. 中国法律史学会 2012 年学术年会论文集（下）［C］. 南京师范大学法学院，2012 年 11 月 10—11 日：1045.

二、受聘来华的过程

(一)邀请的动机与应聘的目的

1840年鸦片战争以后,清政府在外交上不断失利,西方列强通过一系列不平等的条约攫取了在华领事裁判权。收回领事裁判权的冲动迫使清政府寻求变法,要建立符合西方列强要求的法律体系,就要向外国学习。正如公丕祥教授所述:中国传统文化在与近代西方文化的接触过程中,日益暴露它的种种缺陷。西方文化的价值取向和行动方式,逐渐改变了中国人对传统的态度和信仰。因此,19世纪90年代的中国思想界,出现了西方文化向中国文化中心渗透的风云激荡的局面。西方文化的广泛传播与国人普遍要求变革现实的迫切愿望,交相辉映,相辅相成,1895年后的民族危机只不过是触媒剂而已。正是这样的时代生活,构成了以"博稽中外"为特色的清末法制变革的广阔文化背景。实际上,清末法制变革本身就是一次向西方法律文化学习和选择的尝试。[1] 清政府的重要学习对象首先是西方国家,20世纪又转向日本。[2] 清政府学习对象转变的重要原因是日本的成功给予清政府巨大的震撼。[3] 日本移植西法,建立了适合自己国情的君主

---

[1] 公丕祥. 清末法制改革与中国法制现代化[J]. 江苏社会科学,1994(6):24.

[2] 正如李连贵教授所述:"从1861年到1898年的30多年间,中国引进的域外法律大多意指"西法",20世纪初则主要是向日本学习,输入日本法律文化。详细内容请参见李连贵. 二十世纪的中国法学[M]. 北京:北京大学出版社,1998:186.

[3] 沈家本指出:"日本旧时制度,唐法为多,明治以后,采用西法,不数年遂成强国。"沈家本. 寄簃文存[M]. 北京:群众出版社,1985:378.

立宪政体，一跃成为世界强国，因而清政府觉得有必要学习日本的君主立宪政体。日本与中国都是君主制国家，又同处东亚地区，有相同的文化传统，语言文字、风俗习惯也较为接近，输入日本法律制度既适合中国国情，又快捷方便。法律制度是具有强烈的政治性和意识形态的特点，因此，输入法律制度必定有着深刻的政治原因。明治维新以前的日本大规模输入唐代中国文化，模仿古代中国确立中央集权的天皇体制。明治维新以后，日本首先向法国学习，但发现法国的法律文化并不符合日本的国情，于是又转向学习德国，大规模移植德国法律文化。清政府从一开始向西方学，到最后转向学习日本，也是经历过一个比较研究的过程。正如上文所述，转向学习日本的一个重要原因是日本通过1868年以来的明治维新成功加入世界强国行列的事实极大地刺激了清政府。而且日本在明治维新之后采用的是君主立宪制，这也正是以慈禧为首的清政府理想中的政体，既可以保住自己的君主地位，又可以成功与先进的西方法律文化对接，废除领事裁判权。清政府转向学习日本还有一个重要的经济原因即当时清政府财政状态非常紧张，在这样的情况之下，派人到日本留学、考察，聘请日本教习、法律专家，因地理位置较近，能节省大量经费，也是能解燃眉之急的得力措施。因两国的文化具有较高的相似度，聘请日本专家来华帮助修订法律，和日本专家沟通起来就比较方便，更有可能制定出适合中国国情的法律制度，于是聘请日本专家就成了清政府的首选。

然而，清政府聘请日本专家来华仅是想借日本法律专家一臂之力，达到快速修律的目的，试图利用修律成果来废除领事裁判权，达到巩固其封建统治的目的。从某种角度说，清政府的心态决定了这场修律活动具有很大的局限性。尽管光绪皇帝的变法诏书强调治国方法须顺应时势加以变更，但其仍然恪守三纲五常实为万世不易之理，是封建王朝统治赖以安身立命的基础，这一祖宗成法的根基恰如日星昭然。在这一指导思想的统率下，清末法制变革虽然表面上轰轰烈烈，但是千流归大海，变革的努力都服务于巩固清王朝的一统江山。因之，清末法制变革乃是清朝封建统治集团为了挽救行将就木的专制帝国统治而进行的一场法制改良运动，具有明显保守的政治功利性。它毋宁是古老法律文化的一曲"挽歌"。①

以上是对清政府邀请日本专家来华的动机的分析，下面笔者试图分析冈田朝太郎的应聘目的。提及冈田朝太郎的应聘目的，黄源盛老师曾在其关于冈田朝太郎的一篇文章中提出如下疑惑：为什么冈田朝太郎会在自己事业的高峰期毅然决定来华？② 可见有必要对冈田朝太郎的应聘目的进行研究。

研究冈田朝太郎的应聘目的，首先需要关注的是冈田朝太郎对中国法制史研究重要性的认识，在这里不得不提及田能村梅士。③ 田能村梅士曾呼吁日本的法学者要对中国法制史的研究给予重视，不能一味只关注西洋法制。他于1902年发表文章分析了当时清国的法制现状，并指出日本的法学者最适合帮助清国完成法律改订的紧迫任务。因为大多数的西洋人对中国的法理不熟悉，大多数的清国人也对西洋的法理不熟悉，日本学者在沟通西洋和东洋的法理上具备较大的便利性。针对清国目前的形势，日本学者应抓住这个绝好的劳少功多的机会，努力建立帮助清国修订法律的伟业。④

1903年，田能村梅士又进一步提出研究中国法制的四个必要性：第一，中国法制史占据着世界法制史的一半领域，如果想在世界学术上占有一席之地的话，日本法学者就应该充分利用自身的便利条件，努力建功成名。第二，有必要研究中国法制来促进日本法制的发展，因为日本法制继承于中国法制。第三，要发展对清关系就必须研究中国法制。因为法制是

① 公丕祥. 清末法制改革与中国法制现代化[J]. 江苏社会科学，1994(6)：26.

② 黄源盛. 清末民初近代刑法的启蒙者——冈田朝太郎[A]. 黄宗乐教授六秩祝贺——基础法学篇[C]. 台北：学林出版公司，2002：162.

③ 田能村梅士出生于日本大分县，19岁时来到东京，就读于明治法律学校。毕业后一边从事报社的工作，同时担任明治法律学校和明治大学的杂志《明治法学》《明治学报》《国家及国家学》等诸多杂志的编集工作，还担任过明治法律学校的教工，和冈田朝太郎曾是同事。田能村梅士喜好研究川柳(日本诗的一种)和滑稽文学，对中国法制史的研究有兴趣。可以说他和冈田朝太郎有许多相同的爱好。

④ ［日］田能村梅士. 清国法律改定の急要[J]. 明治法学，1902(35)：133-138.

一个国家的神经，要理解一个国家，必知其神经。第四，中国法制在实质上有学术研究价值。①

田能村梅士亲力亲为，1904 年发表著作《世界最古的刑法》，对中国刑法史进行了初步研究。② 冈田朝太郎将该书作为自己刑法研究室刑事论集的第四号作品并作序，还邀请法学名家穗积陈重、户水宽人为之作序，可见他对此书的推崇。

田能村梅士在《世界最古的刑法》中指出最初对罗马法制史开始研究的学者是文学者，而不是法学者。因此，他提倡应该由具有文学素养的法学者对法制史开展研究。同时田能村梅士指出，目前日本法学者对中国法制史处于无知、不关心的现状，有必要尽快对中国法制进行研究。

对于以上观点，冈田朝太郎分别发表意见。对田能村梅士提倡应该由具有文学素养的法学者对法制史开展研究的观点表示认同，对其提出的应对中国法制史尽快开展研究的观点也表示认同，并列举了当时供职于东京帝国大学的学者宫崎道三郎和浅井虎夫对中国法制史的研究成果，指出这些研究成果给田能村梅士愿望的实现增添了不少的希望，但对田能村梅士指出的当时的日本法学者对中国法制史处于无知、不关心的现状的观点表示反对，冈田朝太郎认为目前日本法学者已经意识到研究中国法制史的重要性，只是忙于考察欧美各国的制度，无暇顾及。③ 从此处也许能看出在

---

① ［日］田能村梅士. 中国法制の研究［J］. 明治法学，1903（64）：328-335.

② 田能村梅士将《世界最古的刑法》一书寄赠给当时的清国公使杨枢并恳请赐教，杨枢则郑重回信表示感谢。感谢信的主要内容如下：敬启者昨承 惠得《世界最古之刑法》两册。感谢无量。考欧洲法典本于罗马，中国刑法源于尧舜。大著考证尧舜时代刑法，详明精当。又上而推及尧舜以前，而分为南北两派，亦可谓独具卓识。敝国现正倡议改革法制，得此可以窥见古代刑律之渊源。洵足宝贵。批诵之余，弥深钦佩。专此布谢，顺颂时祉。田能村梅士贵下。杨枢拜具。光绪三十年七月十七日。［日］清国公使の谢状［J］. 明治法学，1904 年第 76 卷：78。此外，《読売新聞》明治三十七年（1904 年）九月八日第 3 版中也有类似报道。

③ ［日］田能村梅士. 世界最古の刑法［A］. 法学博士冈田朝太郎発行、刑事论集第四号［C］. 东京：有斐閣書房，1904：1-3.

1904 年冈田朝太郎就已经初步萌生了研究中国法制史的想法。

正如中岛三知子所述,田能村梅士和冈田朝太郎都曾在明治法律学校任职,同为川柳文学的爱好者,都对中国法制史有兴趣。田能村梅士积极提倡有文学素养的法学者对中国法制史展开研究,而且指出这个研究任务是紧迫的,冈田朝太郎也认同此理,其自身也为具有较高文学素养的成功法学研究者。① 正逢清政府招聘外国法律专家,于是冈田朝太郎就积极应聘,勇于承担起研究中国法制史的任务,② 这也许正是冈田朝太郎在华时间长达九年之久的原因之一。③

此外,冈田朝太郎的重要研究方法是比较研究,他的重要成名之作《比较刑法》的重要内容就是展示世界各国刑法的具体内容并进行对比分析。④ 清国作为一个东亚文化的重要起源地,很有可能是冈田朝太郎的一个重要研究对象。

除了以上两个原因之外,冈田朝太郎接受清政府的聘请愿意来华帮助编纂法典的另一个重要原因是其自身探索求新的个性使然。从 1900 年 11 月冈田朝太郎被任命为日本法典调查会委员以后,他积极投身到日本 1880

---

① 冈田朝太郎也是一名川柳研究家,中埜喜雄、尾藤三柳、脇屋川柳等日本学者曾研究过冈田朝太郎的川柳。此外,冈田朝太郎曾于明治二十三年(1890 年)公开发表过小说《妾薄命》,次年发表小说《玉柏》(笔者译,该小说的日语名字为《玉かしわ》)。另据 1918 年 12 月 25 日《读卖新闻》上登载的坂本红莲洞所写《文坛感状记(上)》中可知,冈田朝太郎在参与砚友社活动时是相当有名气的。详细内容请参见[日]西英昭.冈田朝太郎について(附.著作目録)[J].法史学研究会会报,2010 年第 15 号:162、168。从《读卖新闻》中的相关报道可知,在其生涯的晚期,冈田朝太郎对川柳研究显示了极大的热情。

② [日]中岛三知子.田能村梅士と岡田朝太郎:唱道者と実践者[J].尚美学園大学総合政策研究紀要,2013 年第 22、23 号:53-56.

③ 冈田朝太郎从 1906 年 10 月来华至 1915 年 9 月回国,合计在华时间为 9 年左右。

④ 在其晚年[冈田朝太郎逝世于 1936 年(昭和十一年)],冈田朝太郎仍从事各国刑法的对比研究。在其友人佐瀬昌三于 1930 年(昭和五年)赴法留学之际,冈田朝太郎委托佐瀬昌三收集当时欧美各国各州的刑法典以及权威注释刑法等的著作。详细内容请参见[日]佐瀬昌三.岡田朝太郎博士の憶ひ出[J].法律論叢,1937,16(1):101-102.

年旧刑法的修订工作中。1907 年 4 月，修订完毕的日本新刑法被公布，于 1908 年 10 月起施行。可以说至 1906 年，旧刑法的修订工作已基本接近尾声，已大体完成了向新刑法转化的任务。但冈田朝太郎却并不满意，认为自身的一些刑法思想未能在日本新刑法中得以实现，而清政府招聘外国法律专家帮助修律，则给了冈田朝太郎另一个契机，使他有可能利用自身在日本法典调查会的经验，尝试在清国的法典编纂中实现自己的刑法思想。从这个意义上说，冈田朝太郎是积极主动来华的。冈田朝太郎的这一想法与同样应聘来华的日本商法专家志田钾太郎①形成了鲜明的对比。志田钾太郎在即将来华之前曾写过一篇文章，在该文章的开头，志田钾太郎首先向诸位日本保险学会的会员祖露了自己应清政府邀请时的心情："这次去华帮助清政府制定商法草案的任务本应由他人承担，但由于种种原因自己推脱不了，所以迫不得已接受清政府的邀请。"②当然，仅凭这句话，尚不足以判断志田钾太郎是出于谦虚还是确实不想来华帮助编纂法典，但从梅谦次郎于 1908 年在《盛京时报》上发文提到"商法虽聘志田博士编纂，而志田氏以有故辞谢，尚未得其人"可见志田钾太郎最初确实是不愿意来华的。③

此外，在冈田朝太郎应聘来华的前一年，他参与了"帝大七博士事件"。

---

① 志田钾太郎曾担任过东京高等商业学校、东京大学、东京专门学校、明治法律学校、东京帝国大学法科大学和日法法律学校等校的教授。从 1898 年（明治三十一年）至 1902 年（明治三十五年）期间曾留学德国和法国，1903 年（明治三十六年）被授予法学博士学位，专攻公司法和保险法。于光绪三十四年八月［1908 年（明治四十一年）10 月］被聘来华帮助编纂商法典，于 1912 年（明治四十五年）回国。

② ［日］志田钾太郎. 清国に赴任するに就て［J］. 保険雑誌，1908(149)：19-23.

③ 光绪三十四年（1908 年）四月十四日，《盛京时报》刊登了梅谦次郎对中国法律编纂事业的看法。具体内容为："清政府现编纂法典，将聘余纂修民法，其实此事不确。盖余并未曾受清政府此等交涉。目下清国聘冈田博士编纂刑法，其总则起草业已高峻；民法则聘法学士松冈义正担任；商法虽聘志田博士编纂，而志田氏以有故辞谢，尚未得其人。闻小河法学博士将应其聘，教授监狱制度。余深庆其得人材矣"。具体内容请参见各国新闻：日法学大家论中国修律事［N］. 盛京时报，1908-05-13。

在此期间，冈田朝太郎明确发文提出日本文部大臣的举动严重侵害了大学自治权和大学教授的言论自由权的观点。因他的一系列举动，最终于1905年9月被日本文部大臣免职。被免职的事对崇尚言论自由的冈田朝太郎来说，应该算是一个较大的刺激。因而，1906年冈田朝太郎萌生应聘前往清国的想法也是比较自然的事情。

分析至此，笔者觉得可以回答黄源盛老师曾提出的疑惑：为什么冈田朝太郎会在自己事业的高峰期毅然决定来华？其最主要的动因是喜好探索求新的冈田朝太郎试图在中国实现其在日本无法实现的"刑法梦想"。此外，冈田朝太郎注重比较研究方法的风格和对中国法制史的研究兴趣也促使他积极来华。1905年因参与"帝大七博士事件"而被免职的事进一步加强了冈田朝太郎来华的决心。

从上可见，冈田朝太郎对应聘来华这件事是积极主动的，但这并不意味着冈田朝太郎对当时中国的国情和法制状况有着深刻的认识，也不意味着他对中日文化的差异有较清醒的认识。日本地处孤岛、语言独立，在其学习中国传统法律文化的过程中保持着一定的独立性，并没有全盘接受中国的集权政治和社会伦理。明治维新后，日本政府对外来文明持开放态度，因此日本刑法的近代化转型相对比较顺利。

然而，在当时的中国，封建思想根深蒂固，中央统治高度集权，清末法制变革面临着重重障碍。这些差异冈田朝太郎或许并未认识到，但确实对其来华后的工作和心态产生了影响。

（二）清政府与冈田朝太郎的接洽过程

1. 聘请来华的日本专家的选定

清政府决定聘请日本专家来华帮助修订法律后，负责修律工作的沈家本大臣开始着手遴选邀请的具体人选。李贵连教授指出，关于招聘日本法律专家的事，在1904年曾讨论过，但当时并没有作出决定。正式的招聘是在1906年4月董康①等东渡日本，考察日本的裁判和监狱制度时决定的。②李贵连教授还指出其遴选的途径大致包括四个方面。第一，通过汪大燮。他在驻日公使杨枢赴日之前，一直担任着清朝的在日留学生的总监督多年，因职务关系，汪大燮对日本的学界应该有所了解。③第二，通过部下修订法律馆④的人员，例如董康、江庸、章宗祥等，他们是早期留日学法政的学生，他们对日本法学界的情况比较了解，而且他们和沈家本也有着紧密的关系，沈家本很有可能受到他们的影响。第三，通过日本的友人。

---

① 董康(1867—1947年)，字授经，号诵芬室主人，江苏武进人(今常州人)。1889年考中举人，后又高中进士，并入清朝刑部工作，历任刑部主事、郎中。1900年义和团运动时，擢刑部提牢厅主事，总办秋审兼陕西司主稿。1902年修订法律馆成立后，先后任法律馆校理、编修、总纂、提调等职，为修律大臣沈家本的得力助手，直接参与清末变法修律各项立法和法律修订工作。自1905年起，曾多次东渡，调查日本司法改革及监狱制度、裁判所制度等，聘请日本法律家来华讲学、帮助清政府修律等。1906年9月大理院成立后，曾充大理院推承。1908年清政府颁布的、中国历史上第一部宪法性文件——《钦命宪法大纲》，正是董康代笔之作。参见娄献阁、朱信泉主编.民国人物传(第10卷)[M].台北：中华书局，2000：253-258。另经笔者调查，1902年，董康在法律馆编修任上，公差赴日考察日本司法刑律，并为京师法律学堂延聘日籍教授。也许正因为此前董康有此经历，所以清政府才会派遣董康等人前往日本。参见钱婉约.董康日本访书述略[J].图书情报工作，2004(3)：9。

② 李贵连，[日]松田惠美子.清末の立法にみられる日本人法律家の影響[J].名城法学，1996，45(4)：13。

③ 汪大燮祖籍浙江，是沈家本的大女婿，在民国时期曾担任过国务总理，曾担任过20年代《沈寄簃先生遗书》一书的发行责任人之一，如今北京石经山还存有《沈寄簃先生遗书》一书排版的原始记录。

④ 关于修订法律馆的成立时间，学者们持有不同的看法，岛田正郎认同"修订法律馆的成立时间为光绪三十年四月初一日"的说法，另外陈煜也认同此说法，故笔者也认同此说法。[日]岛田正郎：《清末における刑律草案の編纂について—岡田朝太郎博士の業績をしのんで》，《法律論叢》第39卷，1965年10月，第637-639页。陈煜：《清末新政中的修订法律馆：中国法律近代化的一段往事》，中国政法大学出版社，2009年2月第1版，第48页。另外关于修订法律馆的名称，有"修改法律馆"和"修订法律馆"两种说法。岛田正郎认为其最初的名称应为"修改法律馆"，在光绪三二年九月甲寅的官制改革后，其名称才改为"修订法律馆"。[日]岛田正郎.清末における刑律草案の編纂について—岡田朝太郎博士の業績をしのんで[J].法律論叢，1965(39)：641。为了叙述上的方便，笔者对这两个名称不作区分，统一使用"修订法律馆"这一名称。

沈家本虽然没有去过日本，但他有日本友人，例如他和日本友人二村啸庵不仅有书信往来，甚至进行着诗歌的交流。① 第四，通过清朝的驻日公使。② 在修律之初，清政府曾向各驻外公使发出谕旨，令各驻外公使将各自收集所在国法律送达朝廷，以此援助修律。③ 当时担任驻日公使的杨枢是相对比较开明的官僚，④ 也有着较深厚的法学知识功底。从现存日本法

① 在沈家本担任修订法律馆工作期间，他曾跟日本友人二村啸庵有过如下交往。日本二村啸庵前年冬书来索诗，未寄，两次书来相促，依元韵答之。沈家本给二村啸庵寄去的诗的内容如下："匆匆忽过两年春，逝景频催白发新。我与梅花清一样，世人漫笑在官贫。"在这首诗中，沈家本自比梅花，决心像梅花那样永远清白。因为相对于其他的职务来讲，修订法律是无利可图的清职，工作却是细致而繁琐。沈家本当时愿意将修订法律的工作继续下去，其高洁的情操值得后人学习。具体内容请查阅湖州图书馆内存有《沈寄簃先生遗书乙编》，内中收入沈家本所写的各种读书笔记及许多诗稿。转引自 http：//blog. sina. com. cn/s/blog_ 4da71c2d0100c1tj. html 圣昌《读沈家本的诗》。

② 其实早在1902年5月，时任管学大臣的张百熙就希望梅谦次郎和冈田朝太郎等日本著名学者能应聘来华讲学，但最终冈田朝太郎并没有来华。分析其中原因，1900年11月冈田朝太郎被任命为法典调查会委员，时至1902年，法典调查会尚未完成修订民法及刑法等法律的任务，所以冈田朝太郎分身无术。最终应聘来华的法学博士是京都帝国大学严谷孙藏教授。关于此事的详细情况如下：1898年设立的京师大学堂为了培养教职员，管学大臣张百熙曾委托日本国驻清公使内田康哉招聘日本博士及学士来华任教。于是驻清公使内田康哉在1902年5月17日给日本外务大臣写了一封机密信件，其中介绍了京师大学堂的成立过程、招聘日本教习之缘起以及具体招聘要求及工资待遇。在这封信的最后，内田康哉指出张百熙理想中的日本著名法学博士人选有梅谦次郎、织田万、冈田朝太郎和中村进午等。这封机密信件通过船邮十天之后到达日本外务省，现藏于日本东京外交史料馆。关于这份机密信件的具体内容，请参见［日］日本外务省外交史料馆所藏外务省记录：《清国官厅雇入本邦人第五卷（学堂）（3门8类4项16—2号）》，根据该卷的其他资料显示，最终应聘来北京大学堂任教的日本学者有服部宇之吉、严谷孙藏、安井小太郎等共11位，和之前张百熙提出的理想招聘人员的名单出入比较大。此外当初张百熙只提出招聘两位博士（其中法学博士一位、文学博士一位）和两位学士合计四人，但从最终结果来看，人数也超出了当初的预定计划。其详细情况还待进一步研究。

③ 李贵连，［日］松田惠美子. 清末の立法にみられる日本人法律家の影響［J］.名城法学，1996，45（4）：12-13.

④ 杨枢出生于广州，是清末著名的回族外交官，于光绪二十九年（1903年）八月（当时正值日俄战争即将爆发之际）出任出使日本大臣，一直担任此职务至光绪三十三年（1907年）。在处理1905年留日学生运动中，杨枢站在留学生管理和清政府外交立场上，对学潮表现出严肃而强硬的态度。他是一位具有开放心态和世界眼光的人物。

政大学法政速成科的资料来看，他对日本法学界相当了解，对梅谦次郎①
举办法政速成科的事②十分热心，在学生毕业的时候，杨枢出席了毕业典
礼并发表演讲，鼓励学生努力学习法政。③ 笔者推测杨枢很有可能对聘请
日本专家来华的事也特别热心。

---

① 梅谦次郎(1860—1910年)是日本明治时代著名的法学家，现行民法典的起草
人之一。他在担任法政大学总理期间，为希冀赴日学习法政的中国留学生开办速成科。
曾担任帝国大学法科大学教授、东京帝国大学法科大学长、内阁法制局长官和文部省
总务长官等职。

② 清末曾出现过许多前往日本留学的中国留学生，其中许多留学生的目的是学
习日本法政知识。为了适应这一时代要求，梅谦次郎试图在日本法政大学里为这些赴
日学习法政的中国留学生开办速成科。此后，在清国留日学生范源廉的积极提议之下，
在获得当时驻日公使杨枢的同意之后，在梅谦次郎博士的积极筹办下，日本法政大学
速成科于1904年5月7日成立。该速成科于1908年4月被取缔，其间共招募了五届学
生。详细内容请参见[日]法政大学百年史编纂委员会.法政大学八十年史[M].东京：
法政大学出版社，1961：38。

③ 具体内容如下：光绪三十二年五月初三日，法政大学举行中国留学生第二次
卒业式，师济一堂，使者窃以一言为诸生告，今中国朝野上下，莫不曰立宪，莫不曰
改良法政，此诸生之所知也。顾欲为立宪之预备，而改良法政，必先储养法政人才。
欲储养法政人才，必使人人具有法律政治思想，而后能固立宪之基础。此又诸生之所
知也。诸生肄习法政，虽在学期间未满二年，而据梅博士之所称述，试验(笔者注：这
里应将"试验"改为"考试")成绩表之所品评，莫不业优异，于法政奥蕴确有心得，
使者实为诸生贺，更为中国前途贺。虽然法政之学千条万绪，未易贯彻其源流，尤难
神明其运用。矧法政学分理论、实用两派，理论不嫌其高深，只就法政学范围而考究
其利害得失，并悬拟其原因结果，实用则必证之历史之沿革、参之民风之习惯，暨社
会目前之状况，故理论、实用两派，常不相容。诸生所学法政，理论之法政学也，卒
业归国，施之实际，必斟酌时势，体察民情，使无扞格不通之患，乃不愧为实用之法
政家也。且诸生所学，虽为速成，而以梅博士之热心维持，暨各教师之殷勤训诲，出
其所学，卓有可观。然则诸生之各宜潜心钻研，力求精进，并沟通理论、实用两派，
而发为言论者，即可措诸事实，俾举国人民咸兴起法律政治思想，因以辅佐立宪之治，
而巩固国家亿万年有道之基，此不独梅博士深以相期，抑亦使者之所厚望焉。以上内
容来源于网址 http://blog.sina.com.cn/shanlijun2009 中的《法政速成科第二班卒业式
及清国公使杨枢的祝词》，作者杜树泽。明治三十九年(光绪三十二年即1906年)七月
二十日法政速成科第二班毕业证书授予式举行时，日本法政大学总理(校长)梅谦次郎
作学事报告并致告辞，司法大臣松田久次郎祝词，清国公使杨枢祝词。从以上内容分
析，可见杨枢是一个具有积极改革热情的进步人士。

另据日本国立公文书馆所藏明治三十九年（1906 年）七月九日《清国驻屯司令官神尾光臣より陸军大臣寺内正毅宛驻屯军报告第十七号》（《由清国驻屯司令官神尾光臣发给陸军大臣寺内正毅的驻屯军第十七号报告》）文件记载：刑部通过驻日公使杨枢打听日本一流的法律家，杨枢推荐梅谦次郎博士和冈田朝太郎博士，留学生也推荐这两个人。于是杨枢就直接询问梅博士是否愿意来华，随后梅博士就询问冈田朝太郎是否愿意去清国参与法典编纂工作。① 与冈田朝太郎本人的回忆② 相印证，笔者大体上判断：最初是刑部向驻日公使杨枢打听日本一流法学专家的情况，杨枢推荐了梅谦次郎和冈田朝太郎，并且征询了梅谦次郎本人的意见，梅谦次郎则又征询了冈田朝太郎的意见。③

---

① ［日］日本国立公文書館：アジア歴史资料センター［清国駐屯司令官神尾光臣より陸军大臣寺内正毅宛駐屯军报告第十七号］［清国駐屯司令部秘参発第 19 号 1906 年（明治三十九年）7 月 9 日］。

② 冈田朝太郎在其 1911 年发表的一篇回忆录里陈述道："明治三十七年（1904 年）秋天梅博士问我是否愿意前往清国参与法典编纂工作。我回应道：法典编纂对参与者水平要求很高，必须有首脑级人物存在。如果梅博士愿意去，弟子我自然乐意一同前往。"文中所称梅博士当指梅谦次郎博士。详细内容请参见［日］冈田朝太郎 . 清国既成法典及び法案について［J］. 法学志林，1911，13（8）：131-132.

③ 笔者判断杨枢应该没有直接征询冈田朝太郎的意见，否则冈田朝太郎的回忆录便会提道，而不会说是梅博士征询他的意见。如果再作进一步推测的话，笔者甚至认为杨枢认可的最理想的直接目标人物应该是梅谦次郎，而不是冈田朝太郎。之所以直接询问梅谦次郎、顺便提及冈田朝太郎，那是因为杨枢也不清楚梅谦次郎来华的可能性有多大，于是将冈田朝太郎作为一个重要的后备人物。杨枢和梅谦次郎在办理日本法政大学法政速成科相关事务上有交流接触的机会，因此杨枢对梅谦次郎有一定的了解。在法政速成科第二期毕业典礼举行之后，即在光绪三十二年（1906 年）四月之后，梅谦次郎随即开始对韩国、清国两国进行考察，并留有《中韩考察谭》（又名《清韩考察记》）一文，由当时的浙江籍留学生褚嘉猷翻译后发表在当时的中国报纸上。具体内容请参见译丛：中韩考察谭［N］. 时报，1907-04-11. 其中，对于考察韩国的目的，梅谦次郎解释到：余此次渡韩之目的，即为受托编纂欲使土地权利明确之法律，而韩政府今设不动产调查会从事调查矣。对于考察中国的目的，梅谦次郎简单自述为"直漫游耳"。但根据当时中国媒体对梅谦次郎行程的报道发现，梅谦次郎与直隶总督袁世凯在北洋公所，面晤一个钟头之久。之后，梅谦次郎又广泛周旋于政界当道之间，畅谈时务。具体内容请参见 1906 年 9 月 8 日《申报》中的《纪梅博士会晤袁督之谈判》及 1906 年 9 月 13 日《大公报》中的《时事：梅博士来京》。再从当时的日韩国际（转下页）

那么，冈田朝太郎究竟是如何来华的呢？根据上文中叙述可知，冈田朝太郎本人应该早在1904年秋便已知晓清政府在聘请日本专家来华帮助修律的信息。笔者不能肯定冈田朝太郎第一次获悉来华修律的信息是否来自梅谦次郎，但是1904年秋梅谦次郎询问过冈田朝太郎是否愿意来华参与法典编纂工作，而且冈田朝太郎本人并没有表示反对，这当是事实。此后，董康一行(即董康、麦秩严①、熙桢②)赴日考察时，又进一步与冈田朝太郎接洽，并且具体讨论了聘请合同的细节问题。冈田朝太郎在另一篇回忆文中明确提道："董康一行是于明治三十九年(1906年)四月，前往东京，进行法制调查，走访日本法院及监狱等。在此过程中，董康与我有过接

(接上页)关系来看，在日俄战争爆发后不久，日本曾强迫韩国政府于1904年2月23日与之签订《日韩议定书》，规定韩国协助日本对俄作战，将韩国拉进了日本阵营。同年8月22日，日本又强迫韩国签订《日韩新协约》(第一次日韩协约)，将日本人以财政顾问和外交顾问的身份安插到韩国政府。日俄战争结束后，日本又于1905年11月17日胁迫韩国与其缔结《日韩保护协约》(第二次日韩协约)，剥夺了韩国的外交权，设置韩国统监府以控制韩国，伊藤博文出任第一任韩国统监，韩国由此沦为日本的保护国。伊藤博文是梅谦次郎的恩师，他希望梅谦次郎能够协助他治理韩国。因此，即使梅谦次郎有意来中国，也难违师情，不得不投身于韩国事业经营中。同时，当时清政府首要的法典编纂目标是刑法，梅谦次郎并不是刑法专家，而是民法学家，梅谦次郎可能也认为自己难胜此任。之后梅谦次郎前往韩国，没有到华担任法律顾问。笔者推测杨枢询问梅博士，更多的是出于梅谦次郎的阅历和政治智慧的考虑，相比之下冈田朝太郎就显得有点稚嫩。其实清末法制变革并不是一个简单的刑法改革问题，而是一个混杂的政治问题，这是对清国状况不是很了解的冈田朝太郎难以预料的。冈田朝太郎前后工作态度的变化也正验证了笔者的推断。

①　麦秩严生于1863年，卒于1941年。1898年即年方35岁中进士，钦点刑部主政。光绪三十一年(1906年)麦秩严等三人，被清政府委派赴日本调研考察裁判监狱等法律，为司法改革作准备。回国后立即投入制定刑法、监狱法等事宜。并开创了模范监狱，为全国监狱作出典范，现在北京第一监狱是当时的旧址，沿用至今。晚清任大理院审判官、福建道监察御史、京畿道监察史。民国初任肃政厅肃政史，平政院平事，袁世凯总统府特派专员。据南海县志记录，严公是清帝退位时在京任职的南海县籍最高官臣。

②　关于熙桢，经笔者查证，只在中国期刊网上有提到他名字的文献，指出他曾和董康等人一起赴日，其余并无详细资料。冈田朝太郎曾在回忆文《关于清国刑法草案》中介绍了当时来日走访法院及监狱等的董康一行三个人的职位。即熙桢大概是河南地方的道台，麦秩严是都察院的御史，董康是法部郎中(相当于日本司法省参事官)、大理院推事(相当于日本大番院判事)兼法律馆和法律学堂提调的要职。具体内容参见[日]冈田朝太郎．清国の刑法草案について[J]．法学志林，1910，12(2)：120.

触，最终促成我应聘来华，达成协议。"①

　　杨枢推荐冈田朝太郎，留学生也推荐冈田朝太郎，这是由冈田朝太郎在日本刑法学界的地位和名声所决定的，同时也受到了冈田朝太郎在清国的知名度的影响。② 当时清末法制变革的重中之重是刑律，日本刑法专家自然成了大家关注的重点。由上可见，邀请冈田朝太郎来华帮助清政府修定《大清新刑律》也是经过认真考虑而最终做出决断的。

2. 应聘过程中的争议

　　清政府虽然有意聘请冈田朝太郎来华，冈田朝太郎本人也表示了积极的态度，但是双方就聘请的具体事宜进行协商的过程却并不顺利。1906年，当时的《法律新闻》曾经报道：关于冈田博士赴清一事，目前交涉不畅，由暂时回日本的严谷博士③作为中间调解人，继续商谈此事。④ 当时

---

　　①　[日]冈田朝太郎. 清国の刑法草案について[J]. 法学志林，1910，12(2)：119.

　　②　在冈田朝太郎来华前，他的《刑法总论》和《刑法各论》已为中国学界了解。具体内容参见王健. 中国近代的法律教育[M]. 北京：中国政法大学出版社，2001：194.

　　③　这里的严谷是指严谷孙藏。严谷孙藏出生于1867年(庆应三年)8月2日，于1884年(明治十七年)7月毕业于东京外国语学校的德语专业。于1885年(明治十八年)为了学习法律，前往德国。于1886年(明治十九年)4月进入德国的纳府大学。于1887年(明治二十年)9月转学赫力府大学。于1900年(明治二十三年)5月获得学位。于1891年(明治二十四年)1月回日本。之后在私立明治法律、私立东京专门、私立日俄法律高等商业各校担任讲师。于1899年(明治三十二年)9月转任京都帝国大学法科大学教授，担任民法第二讲座教师。于1901年(明治三十四年)6月29日，在京都帝国大学校长的推荐下获得了法学博士。其学术专攻是德国民法。于1902年(明治三十五年)10月受聘担任清政府北京大学堂仕学馆正教习。于1903年(明治三十六年)担任进士馆正教习。1907年(明治四十年)6月转任京师法政学堂正教习。1912年(明治四十五年)7月担任中华民国法典编纂会调查员(之后改称为中华民国法律编查会)。1913年(大正二年)6月成为大总统府法律咨议，于1916年(大正五年)6月辞职。在此期间，还应聘于北京大学及其他学校。1917年(大正六年)7月因病需要疗养，解约退职。1918年(大正七年)11月13日在东京病故。严谷孙藏是当时我国政府在聘顾问中的最高顾问，同时他还积极致力于我国的法律启蒙，竭力培养中华民国的大学生。[日]井関九郎監修. 大日本博士録(第一卷法學博士及藥學博士之部)[M]. 东京：発展社，1921：49-50。严谷孙藏在华任职期间为1902年至1917年，时间长达15年之久。他于冈田朝太郎之前来华，在冈田朝太郎来华过程中起了重要的中间斡旋作用，应该说冈田朝太郎能顺利来华，严谷孙藏功不可没。

　　④　[日]无标题[N]. 法律新聞，1906-09-15。《法律新聞》是刊登法学专业知识和法学界信息的报纸。

《读卖新闻》也报道到：招聘冈田朝太郎氏为京师大学堂①教习一事虽一时交涉不顺……②

那么在应聘过程中，究竟在哪些问题上发生了争议？根据笔者掌握的资料分析，双方的分歧主要涉及聘请的职名和待遇两个方面，而在这些分歧的背后，则折射出清政府和冈田朝太郎对于来华帮助修律这一事件的不同态度。

如前所述，1904年梅谦次郎曾向冈田朝太郎询问是否愿意"前往清国参与法典编纂工作"，因此，冈田朝太郎应当明白清政府聘请他来华的目的，他本人也正是基于参与法律编纂工作，才考虑应聘来华。然而在清政府与冈田朝太郎接洽来华具体事宜的过程中，双方却因以何种名义聘请冈田朝太郎来华产生了分歧。

1906年7月17日，沈家本就聘请冈田朝太郎来华事宜致电清驻日公使杨枢并转董康等人，电文的具体内容为"驻日杨大臣转董康等，洪密电悉。聘冈田朝太郎以教习为主，顾问实多窒疑，决不可行。合同宜专订教

---

① 此处《読売新聞》报道的信息有误，冈田朝太郎应聘的学堂为京师法律学堂，而不是京师大学堂。当时的京师大学堂为日本专家严谷孙藏等的应聘工作场所。关于京师法律学堂的详细情况，据沈家本所言，其设置源起和聘请外国教习的原因如下所述。修订法律馆设立之后，伍廷芳觉察到精通中外法律的人才不足。他认为如果精通法律和法律实务的人才不足的话，即使新法被制定出来也不能得以顺利实施。于是提议设立附属于修订法律馆的法律学校，这就是后来的京师法律学堂。此后就产生了聘请适合的法学教员的必要。在当时的中国缺乏精通近代法的人才，于是不得不从外国招聘，受资金限制，从日本聘请教习就成为首选。沈家本所著原文如下："余恭膺简命偕新会伍秩庸侍郎修订法律，并采用欧美科条开馆编纂。伍侍郎曰：法律成而无讲求法律之人，施行必多阻阂，非专设学堂培养人才不可。余与馆中同人佥矢此义。于是奏请拨款设立法律学堂。奉旨俞允择地庀材剋日兴筑。而教习无其人，则讲学仍托空言也。乃赴东瀛访求知名之士。群推冈田博士朝太郎为巨擘，重聘来华。松冈科长义正司裁判者十五年经验家也，亦应聘。而至光绪三二年（1906年）九月开学，学员凡数百人。"详细内容请参见沈家本. 寄簃文存（卷六）[M]. 北京：群众出版社，1985；《法学通论讲义序》序言。

② [日]冈田博士の招聘[N]. 読売新闻，1906-09-11（2）.

习。如冈田朝太郎欲定别兼名目，祇可另附兼法律调查员一条。"①电文中提到了顾问、调查员和教习三个职位。顾问当指清政府法律编纂顾问，调查员是指钦命修订法律馆调查员，教习则是指京师法律学堂教员。沈家本的态度很明确，"宜专订教习"，即只以教习的名义聘请冈田朝太郎来华，同时他认为顾问"决不可行"，即决不能以顾问的名义聘请。电文并未说明究竟是谁提出了以顾问的名义聘请冈田朝太郎来华，但是我们注意到在顾问、调查员和教习这三个名义中，顾问与冈田朝太郎对其应聘目的的理解最相符合。②

合理的推断应当是在董康等人和冈田朝太郎具体商谈的过程中，冈田朝太郎坚持认为应当以"顾问"的名义聘请他，董康等人向冈田朝太郎道出了清政府的难处，提出以"顾问"的名义聘请实在是勉为其难。在这样的情况之下，冈田朝太郎提出即便如此，那也必须就参与法典编纂的责任给出一个名分，例如"修订法律馆调查员"。为了不使谈判陷入僵局，董康等人很可能口头答应了冈田朝太郎退而求其次的要求。因而冈田朝太郎在 1906 年 8 月 1 日向日本文部大臣牧野伸显提出的前往清国的申请书附件中称其与清政府初步达成的"合同要项"中受聘前往清国的职名是"钦命修订法律

---

① 该电报的具体意思是请驻日公使杨枢转告董康等人，有"洪"字样的秘密电报已送达。招聘冈田朝太郎来华应以教员为主，顾问这一身份实在会招致过多的问题，绝对不可承诺给予冈田朝太郎顾问的身份。合同中只给予冈田朝太郎教习身份即可。如果冈田朝太郎想再兼任其他职名，最多再加兼任法律调查员一职。此电文来源于法律馆请代发驻日本杨大臣转董康电［A］. 北京：中国第一历史档案馆，光绪三十二年五月二十六日（1906 年 7 月 17 日）：法律大臣等为聘请日本法律教习致外务部驻日公使的片、电（外务部 2303 号）。

② 经查阅发现在光绪二十八年九月二十六日［1902 年（明治三十五年）10 月 27 日］袁世凯曾和日本东京音乐学校校长兼东京高等师范学校教授以及高等教育会议议员、美国哲学博士渡边龙圣签订过一份合同，袁世凯邀请渡边龙圣担任直隶学校司高等顾问官，合同中给予的身份为"学务顾问"。因此可见，在冈田朝太郎来华之前，曾有日本人以"顾问"的身份被聘来华。详细内容参见［日］京都帝国大学法科大学教授法学博士巖谷孙藏以下五名外国政府应聘中在职者ニ関スル规程　适用ノ件［A］. 东京：日本国立公文书馆，1904 年（明治三十七年）12 月 16 日，请求番号：本馆-2A-013-00・纂 00850100，件名番号：027。该文件的第 14 页起开始介绍袁世凯和渡边龙圣签订的合同的具体内容。

馆调查员兼法律学堂教员"。①

沈家本在电报中对招聘冈田朝太郎的职名作出了明确的指示，其指示包括基本立场和妥协方案：只能以教习名义聘请，如果冈田朝太郎坚持要明确主职和兼职，也只能是教习兼调查员，无论如何，都不可以使用顾问的名义。那么，既然清政府和沈家本已经决定聘请冈田朝太郎来华帮助修律，为何又坚决反对以顾问名义聘他来华呢？

可见清政府与冈田朝太郎就应聘职名问题上产生了明显的分歧，这种分歧甚至触及清政府的重大关切，因而难以消除。即使双方最后将分歧缩小到"教习兼调查员"还是"调查员兼教习"的范围内，却仍然表达了双方在冈田朝太郎来华帮助修律的工作性质问题上的重大分歧。在清政府看来，冈田朝太郎来华帮助修律的工作在本质上并无特别重要的意义，甚至只是一个文字工作，至少其对外宣称的意义如此，而在冈田朝太郎看来，这是他实现自己刑法思想的重大机遇，因而他自以为自己能够主导清政府修律工作，因此他十分看重"顾问"的身份。

双方的争议，以各自的让步而达成一致。光绪三十二年七月二十六日（明治三十九年九月十四日即 1906 年 9 月 14 日）冈田朝太郎和驻日公使杨枢签订的正式合同中，冈田朝太郎来华的职名为"法律学堂教习兼钦命修订法律馆调查员"，② 显然董康等人坚持了沈家本电文中给出的底线，而冈

① 明治三十九年（1906 年）八月一日，冈田朝太郎曾向文部大臣牧野伸显提出前往清国的申请书。申请书中附有"契约要项"，即当时冈田朝太郎和清国政府初步拟定的合同要项，具体包括如下内容：目的为清国刑法改良调查以及法律学堂授课；职名为钦命修订法律馆调查员兼法律学堂教员；期限为三年，月俸为 800 银元；旅费为 600 银元。参见［日］東京帝国大学法科大学教授法学博士冈田朝太郎清国政府ノ招聘二応シ俸給ヲ受ケ並明治三十七年勅令第百九十五号第二項適用［Ａ］. 東京：日本国立公文書館アジア歴史資料センター，1906 年（明治三十九年）9 月 28 日，請求番号：纂01005100，件名番号：020。

② 该合同的详细内容请参见［日］外務省記録《外国官庁に於テ本邦人雇入関係雑件/清国之部》第四卷（一）（3 門 8 類 4 項 16—2 号）［Ａ］. 東京：日本外務省外交史料館。这里仅截取和笔者讨论的问题相关的部分，相关内容如下：任务为法律学堂授课以及清国刑法改良调查，民商等法遇有属托亦应竭力相助；职名为法律学堂教习兼钦命修订法律馆调查员；月薪为 800 银元；旅费为 400 银元。

田朝太郎则作出了进一步的退让，这或许从另一个侧面反映了冈田朝太郎来华的愿望和决心，即使没有明确的名分，也要坚决来华。

在 1906 年 9 月 14 日签订的正式合同中，冈田朝太郎应聘来华的职名是"法律学堂教习兼钦命修订法律馆调查员"，后一职位只是兼职，且仅为调查员，显得无足轻重。然而，当时京师法律学堂学生的法律水平有限，并无专门聘请日本知名法律专家前来授课的必要，清政府招聘冈田朝太郎来华的真正目的当然是协助清政府编纂法典。正如沈家本在电报中所叙述的那样，即为顾问，但职名中并不见"顾问"等字眼，而选用了"调查员"这个身份。在冈田朝太郎之后，清政府还聘请了其他日本专家来华帮助编纂法典，包括松冈义正、小河滋次郎和志田钾太郎。目前，仅能找到志田钾太郎应聘来华时的职名或职务的相关信息，从志田钾太郎于 1908 年 8 月 27 日向日本文部大臣小松原英太郎提出的前往清国的申请书附件来看，其应聘来华的职务为"商法编纂及商法教授"，但并未提及应聘的具体职名。[①]笔者推测因志田钾太郎原本不愿来华，因此清政府不敢贸然将其职名定为"教习兼调查员"，又不愿意主动将其职名定为"顾问兼教习"，最终采用了一个折中的办法，即将其职务初定为"商法编纂及商法教授"，将"商法编纂"的任务放在了首位。可见在当时，政府对"顾问"这个身份的使用还是十分谨慎的。那么在当时的社会中，顾问究竟是何等角色？清政府和沈家本为何不愿以"顾问"名义聘请冈田朝太郎来华呢？

当时应聘来华的日本专家吉野作造[②]介绍了关于顾问的一些情况，"顾问应该是指施政上的高级参谋角色"，湖广总督张之洞和直隶总督袁世凯曾

---

① 相关信息来源于［日］東京高等商業学校教授兼東京帝国大学法科大学教授法学博士志田鉀太郎清国政府ノ聘用ニ応シ俸給ヲ受ケ並ニ在職者ニ関スル規定適用ノ件［A］. 东京：日本国立公文書館アジア歴史資料センター，1908 年（明治四十一年）9 月 9 日，請求番号：纂 01086100，件名番号：027。申请书中合同的内容如下：（一）职务：商法编纂及商法教授。（二）俸給：每月银圆八百圆。（三）期限：三年。

② 吉野作造出生于 1878 年（明治十一年）1 月 29 日，东京大学毕业，是大正年间（1912—1926 年）活跃的政治学家、思想家和明治文化研究家。1906 年（明治三十九年）应袁世凯聘请任教于北洋政法学堂，同时担任过袁世凯之子袁克定的家庭教师。

聘用过顾问，涉及军事、警察、教育、工艺和卫生等领域，但"在北京中央政府内，没有雇佣任何一位外国人作顾问，因为聘用任何一个国家的人作顾问，容易引起其他国家的嫉妒和猜疑"。虽然在北清事件(是指八国联军侵华，日本人对该事件有此称谓)发生后，有两三个国家发动了较为热心的运动，但北京中央政府仍然坚持拒绝聘用任何一个国家的顾问。"即使需要聘请顾问之类的人，在聘用合同中基本借用'翻译官'这一概念，所聘请的多数顾问都在学校里兼职"。① 可见，吉野作造认为中国政府不使用"顾问"这个身份的原因是担心"顾问"身份的使用容易引起其他国家的嫉妒和猜疑。日本山梨学院大学熊达云教授也认为不使用"顾问"字眼是因为政治原因，即当时的清政府担心如果使用"顾问"这个具有政治色彩的词汇的话，其他国家会以"门户开放""利益均沾"为借口，不断向清国输送顾问，给中国带来不必要的麻烦。② 由此可见，在招聘日本专家来华的职名问题上，清政府的态度是由其政治态度和国际环境所决定的。

当时在京师法政学堂聆听过冈田朝太郎等日本专家讲座的吴朋寿则更进一步指出了问题的实质："惟以日本人冈田朝太郎、志田钾太郎、小河滋次郎等为修订法律的调查员，显得滑稽，如谓调查各国的法律，而各国法律不难置乎一编，何须调查，但此是表面文章，而实质是请日本人为各种法律的起草，如冈田朝太郎起草刑法，志田钾太郎起草商法，小河滋次郎起草监狱法，皆是以日本人起草中国法律，想当时修订法律大臣亦知此事，碍于颜面，更关乎主权，故名为调查员，借图掩饰。"③

除了职名之外，待遇问题也是冈田朝太郎与董康等人洽谈来华合同时发生争议的问题之一。

---

① [日]吉野作造.清国在勤の日本人教師[J].国家学会雑誌，1909，23(5)：123-124.

② 熊達雲.清末中国における日本人法律教員および法律顧問招聘の経緯について——京師法律学堂と修訂法律館による招聘を中心に[J].山梨学院大学研究年報(社会科学研究)，2013(33)：81.

③ 吴朋寿.京师法律学堂与京师法政学堂[C].中国人民政治协商会议编《文史资料选辑》，北京：中国文史出版社，2000：135.

根据日本国立公文书馆所藏文件《清国驻屯司令官神尾光臣より陆军大臣寺内正毅宛驻屯军报告第十七号》(1906 年 7 月 9 日)①的内容可知，原本刑部想邀请梅谦次郎来华，但因梅谦次郎提出月俸 1000 圆的要求，②刑部难以接受，③ 因此才考虑聘请冈田朝太郎来华。之后冈田朝太郎提出月俸 800 圆的要求，刑部本想降低至 600 圆，但冈田朝太郎不同意，因此冈田朝太郎的月俸总数初步定为 800 圆。笔者认为因双方起初交涉时，并未将争议焦点集中在身份问题上，因而此处月俸的具体构成不明，但这一月俸总数构成了以后洽谈待遇问题的重要基础。

在 1906 年 9 月 14 日冈田朝太郎和杨枢正式签订的合同中，冈田朝太郎应聘来华的身份为"法律学堂教习兼钦命修订法律馆调查员"，其工资待遇分为三部分，担任法律学堂教习工作的月薪是 600 圆，担任钦命修订法律馆调查员工作的月薪是 200 圆，合计月薪为 800 圆，另加上每月房膳费 50 圆，合计月俸总数为 850 圆。④

---

① ［日］清国驻屯司令官神尾光臣より陆军大臣寺内正毅宛驻屯军报告第十七号，清国驻屯军司令部秘参发第十九号［A］. 东京：日本国立公文书馆アジア历史资料センター，1906 年(明治三十九年)7 月 9 日。这是当时日本著名的三大间谍之一神尾光臣发给陆军大臣寺内正毅的一封秘密信件。

② 从某种角度来看，梅谦次郎提出月薪 1000 圆的要求也并不过分，只不过是在严谷孙藏担任教习的月薪 600 圆的基础上，再加上渡边龙圣担任学务顾问的月薪湘平银 400 两，即得出 1000 圆的月薪标准。因而，冈田朝太郎所提出的 800 圆的月薪标准自然也是合理的。

③ 这个难以接受的事实至少能够证明当时的清政府并没有提供聘请外国法律专家的绝对资金支持，或者说清政府并没有真正下决心要彻底改变落后的法律现状，这和日本明治政府是不同的。从 1872 年(明治五年)日本政府机构聘用外国专家的统计结果来看，为了雇用来自外国的 214 名专家，明治政府可谓不惜血本，总共支付了 534492 日元的薪金，平均每人的月工资达到 2582 日元。相比之下，当时日本政府太政大臣(相当于国家总理)一级的高官月薪也仅有 800 日元。由此可见，明治政府为了加快推进本国近代化进程可以说是不计报酬的。有了这样的高薪付出，其回报也是极为丰厚的，在分布于各个领域的外国专家的大力协助下，日本的近代化事业由此驶上了快车道。具体内容请参见［日］梅溪昇. お雇い外国人—明治日本の脇役たち［M］. 东京：讲谈社，2007：225.

④ 这里需要注意的是本文中对月薪和月俸这两个概念是区分使用的，月薪仅指担任法律学堂教习和钦命修订法律馆调查员的月薪总和，月俸是包含月薪和房租补贴在内的工资待遇总和。

比较 1906 年 7 月 9 日资料中和 1906 年 9 月 14 日的合同中所提到的冈田朝太郎的月俸总数，之间有 50 圆的差距。由此可见，冈田朝太郎的月俸还是经历了一个变化的过程，至于变化的原因，可从横向比较当时应聘来华的日本专家的工资待遇中发现端倪。

下面将冈田朝太郎的月俸分为三部分来看，即担任教习工作部分的月薪、担任调查员工作部分的月薪以及每月的房膳费补贴。在冈田朝太郎来华之前，曾有若干名日本学者或专家来华，但目前只能找到聘用严谷孙藏①、渡边龙圣②和矢野仁一③合同的详细内容，他们每月的房膳费补贴分别为京平足银 45

---

① 严谷孙藏的聘用合同内容来源于［日］京都帝国大学法科大学教授法学博士巌谷孫蔵以下五名外国政府応聘中在職者ニ関スル規程適用ノ件［A］. 东京：日本国立公文書館，1904 年（明治三十七年）12 月 16 日，请求番号：本館-2A-013-00 · 纂 00850100；第 7 页起。该资料中还显示当时任大清国吏部尚书张百熙管理大学堂事务，他和日本京都帝国大学法科大学教授、法学博士严谷孙藏在商谈过程中，原来双方商定严谷孙藏的工资是以 500 日元作为基准，按照正金银行的汇率给予支付。但因换算麻烦、汇率变动，就改换成以中国京平足银 600 两作为月薪标准。房租原定标准是工资的二十分之一，应是 30 两，但因被聘来华的东京帝国大学文科大学教授、文学博士服部宇之吉的房租补贴是 45 两，因此严谷孙藏的房租补贴也改成了 45 两。严谷孙藏的聘用合同中还提到旅费参照袁世凯部下各顾问官，为 250 两。此处的旅费或叫川资，因为当时日本和中国之间的交通工具是船只，因此这里的旅费是指日本学者来华返日所需要的船费。

② 渡边龙圣的聘用合同内容来源于［日］京都帝国大学法科大学教授法学博士巌谷孫蔵以下五名外国政府応聘中在職者ニ関スル規程適用ノ件［A］. 东京：日本国立公文書館，1904 年（明治三十七年）12 月 16 日，请求番号：本館-2A-013-00 · 纂 00850100；第 14 页。该合同中所使用的货币单位是湘平银，湘平是湖南省使用的标准。

③ 矢野仁一的聘用合同内容来源于［日］東京帝国大学文科大学助教授矢野仁一清国政府ノ招聘ニ応シ報酬ヲ受クルノ件［A］. 东京：日本国立公文書館，1905 年（明治三十八年）5 月 9 日，请求番号：本館-2A-013-00 · 纂 00958100。该合同签订于冈田朝太郎来华前一年，当时矢野仁一的职称为副教授。此合同的第 5 条提出：该教习每日授课至少须及四点钟，以本馆钟点为准。另外，入堂出堂不得短少时刻。此合同的第 7 条提出：该教习薪水自到京之第二日起按中国月份每月支给 360 银元。冈田朝太郎担任京师法律学堂教习工作的月薪是 600 银元。就担任教习工作的月薪，冈田朝太郎明显高于矢野仁一。但总体而言，矢野仁一每天的工作量明显重于冈田朝太郎。另外，矢野仁一的聘用合同的第 8 条提出：该教习由本国来京应用川资，中国京平足银二百五拾两，挈眷者加支壹百五拾两。岩谷孙藏的聘用合同中也有相同规定。冈田朝太郎的聘用合同中也有相类似的规定。

两、湘平银 22 两和 45 银元，这些和冈田朝太郎 50 圆之间差别不是很大，相对而言也缺乏进一步比较的必要性，因此笔者在此不作深究。

首先分析冈田朝太郎担任教习工作部分的月薪。据汪向荣①研究，当时的日本教习虽比欧洲教习月俸稍低，但与他们在本国做教习相比，还是要高出好多。"当时在中国的日本教习月俸总数在五、六十元至四、五百元不等……最低也不下五十元。而当时中国教习的月俸最高不会超过一百五十元，最低连十元都不到。在日本国内的一个大学毕业生去师范高等学校中任教，其月俸也不过一百元，可在中国这样的资格月俸在二百五十元以上，相差一倍多。"②从整体上粗略来看，冈田朝太郎担任教习工作的月薪是 600 圆，③ 应该不算低，甚至可以说是教习中待遇很高的。

下面再从具体细致对比的角度来看冈田朝太郎担任教习工作部分的月薪。在冈田朝太郎来华之前，曾有若干名日本学者或专家以教习的身份应聘来华，其中严谷孙藏的在日身份、持有学位和应聘来华名义和冈田朝太

① 汪向荣生于 1920 年，祖籍上海青浦县。他潜心学术，辛勤耕耘，著作等身，为我国的日本古代史和中日关系史研究做出了突出的贡献，是我国中日关系史研究领域的著名学者。20 世纪 40 年代初期赴东瀛求学。在日本，先就读于东京的东亚学校学习语言，后入日本京都帝国大学史学科，在日本著名东洋史学者矢野仁一、冢本善隆教授的指导下，从事中日关系史的学习和研究。京都大学是日本史学界京都学派的大本营。京都学派的学者重考据，重实证，有乾嘉之风。汪向荣的治学方法受京都学派的影响很大。他先后出版过《中日交涉年表》《日本教习》和《中国的近代化与日本》等书。

② 汪向荣．中国的近代化与日本[M]．长沙：湖南人民出版社，1987：109。笔者认为此处所提到的"元"即为"银元"，和本文中提到的"圆"是相同的货币单位。清末中国的货币状况比较混乱，自 1889 年(光绪十五年)张之洞奏准在广东设厂铸造银币之后，各省纷纷开铸银元，式样平色，都不一致，导致流通困难。先是在广州使用、其后流行各地的鹰洋，重量为七钱二分，与中国传统的银两制不符，造成了计算困难。此外，由于银元的"两"或"元"单位问题的不确定，清廷各派为此一直争论不休。直到宣统二年(1910 年)四月，度支部颁定《币制则例》，积极废除银两制度，将铸币权统一于中央，定银元为国币，以"元"(七钱二分)为单位，这才真正结束了长达数年的"两"和"元"之争。

③ 1906 年 9 月 14 日冈田朝太郎和杨枢签订的合同的附则中交代：本合同所称银圆系为重库平七钱二分之中国现行银圆。

郎有较大的相似性，因此笔者将严谷孙藏和冈田朝太郎进行比较。曾任京都帝国大学法科大学教授、持有法学博士学位的严谷孙藏于光绪二十八年九月八日(1902 年 10 月 9 日)和清政府签订合同，应聘来华担任北京大学堂速成科仕学馆正教习，其月薪是京平足银 600 两。在比较冈田朝太郎和严谷孙藏的月薪之前，首先要解决月薪的货币单位问题，就上文中所提到的冈田朝太郎和严谷孙藏的月薪，其货币单位分别是重库平银的"圆"和京平足银的"两"。根据"京公码平 104.6517 两 = 库平 100.9986 两"的换算关系，笔者认为"京平足银"和"重库平银"的差别应该不是很大。[①] 从冈田朝太郎月薪的具体构成来看，其担任教习工作部分的月薪是 600 圆，这和严谷孙藏的月薪标准是相同的，从中也可推知冈田朝太郎担任教习工作部分的月薪还是比较合理的。

其次分析冈田朝太郎担任调查员即法律顾问工作部分的月薪。1906 年 9 月 3 日沈家本曾发电报给杨枢，内容如下："驻日杨大臣鉴：电悉。承代商合同，甚感。原合同学堂薪水外有房膳费 50 圆，不能再有增加。如冈田朝太郎实在要求，祗可在法律馆津贴内加 50 圆，尚希酌核，余照办。合同订后即请约早来京。本简。"[②]这里的"法律馆津贴"是指担任钦命修订法律馆调查员工作部分的月薪，由此可知冈田朝太郎月俸前后发生 50 圆数额的变化是担任修订法律馆调查员工作部分的月薪发生了变化。根据该电报的内容，再结合 1906 年 9 月 14 日冈田朝太郎和杨枢正式签订的合同的内容可知，1906 年 7 月 9 日文件中的月俸大致可分为以下三部分，担任法律学堂教习工作的月薪是 600 圆，担任钦命修订法律馆调查员工作的月薪是 150 圆，合计月薪为 750 圆，另加上每月房膳费 50 圆，合计月俸总数为

---

① 关于清末银两平式之间的换算关系，非常复杂。这里的京平应指京公码平，宋佩玉在其文章中介绍了五种平之间的关系，具体如下：关平一百两 = 广平 100.2927 两 = 库平 100.9986 两 = 槽平 102.8108 两 = 京公码平 104.6517 两。参见宋佩玉. 1840—1911 年中国货币制度研究[D]. 新疆大学硕士论文，2001：9-10.

② 法律大臣等为聘请日本法律教习致外务部驻日出使的片、电(外务部 2303 号)[A]. 北京：中国第一历史档案馆，1906 年 9 月 3 日(光绪三十二年七月十五日)潜字 338 号：法律大臣请代发驻日本杨大臣电。

800圆。

在冈田朝太郎来华之前，鲜见日本学者或专家应聘来华担任顾问一职，目前只能找到聘用渡边龙圣①合同的详细内容。曾任东京音乐学校校长、持有美国哲学博士学位的渡边龙圣于光绪二十八年九月二十六日（1902年10月27日）签订合同来华担任直隶学校司高等顾问即"学务顾问"，其月薪为湘平银400两。笔者虽不明晰"重库平银"和"湘平银"之间的准确换算关系，但从库平一两为37.31克、湘平一两为36.13克来看，"重库平银"和"湘平银"之间的差别应该不是很大。②冈田朝太郎担任钦命修订法律馆调查员的月薪最初为150圆，即为中国重库平银150两，这和渡边龙圣担任学务顾问的月薪湘平银400两之间，有较大的差距。值得注意的是，本次冈田朝太郎应聘来华负有重大任务，即帮助清政府起草新刑律草案等，因此笔者认为这个差距的存在是不合理的。

正因为商谈中给予冈田朝太郎担任调查员的月薪标准并不算高，因此在1906年9月3日沈家本曾发电报给杨枢，其电报内容中透露，关于待遇问题，原则上不容再变动，如果冈田朝太郎实在有要求，只可在法律馆津贴内增加50圆。仅从该电报中无法得知冈田朝太郎和杨枢的最终商谈结果，但有一点是可以肯定的，就担任调查员工作的月薪上，还是有增加50圆的可能。

沈家本之所以于1906年9月3日做出这样的指示，合理的推断是沈家本认为在应聘职名上，并没有给予冈田朝太郎应有的"顾问"头衔，在待遇上冈田朝太郎提出适当提高的要求也是符合常情的。

最初冈田朝太郎的月俸标准是800圆，1906年8月1日冈田朝太郎向

① 渡边龙圣的聘用合同内容来源于［日］京都帝国大学法科大学教授法学博士巌谷孫蔵以下五名外国政府応聘中在職者ニ関スル規程適用ノ件［A］．东京：日本国立公文書館，请求番号：本館-2A-013-00·纂00850100：14．该合同中所使用的货币单位是湘平银，湘平是湖南省使用的标准。
② 具体内容请参见宋佩玉．1840—1911年中国货币制度研究［D］．新疆大学硕士论文，2001：9-10．

日本文部大臣牧野伸显提出的前往清国的申请书附件中其月俸标准也是800圆，① 1906年9月14日最终正式签订的合同中规定冈田朝太郎的月俸标准是850圆。比较1906年8月1日的申请书附件中和9月14日的合同中所提到的月俸标准，之间有50圆的差距。从现有资料来看，在1906年9月3日之后，冈田朝太郎很有可能提出了增加月俸的要求，应冈田朝太郎的要求，杨枢将其月俸中担任调查员工作部分的月薪由原来的150圆提高到200圆，月俸总数也由原来的800圆提高到了850圆。

在冈田朝太郎之后，应聘来华帮助清政府起草法典的日本法律专家还有松冈义正、小河滋次郎和志田钾太郎，这三位和冈田朝太郎一样，都在京师法律学堂担任教习。② 松冈义正来华前担任东京控诉院判事，于1906年10月(光绪三十二年八月即明治三十九年十月)被聘来华，月俸是800圆。小河滋次郎来华前担任司法省监狱事务官，于1908年5月(光绪三十四年三月即明治四十一年五月)被聘来华，月俸是800圆。志田钾太郎来华前担任东京高商学校教授兼东京法科大学教授，于1908年10月(光绪三十四年八月即明治四十一年十月)被聘来华，月俸是950圆。③ 值得注意的是志田钾太郎曾于1908年8月27日向日本文部大臣小松原英太郎提出的

---

① 1906年(明治三十九年)8月1日，冈田朝太郎曾向文部大臣牧野伸显提出前往清国的申请书。申请书中附有"契约要项"，即当时冈田朝太郎和清国政府初步拟定的合同要项。要项包括如下：目的为清国刑法改良调查以及法律学堂授课；职名为钦命修订法律馆调查员兼法律学堂教员；期限为三年，月俸为800银元；旅费为600银元。参见[日]東京帝国大学法科大学教授法学博士岡田朝太郎清国政府ノ招聘二応シ俸給ヲ受ケ並明治三十七年勅令第百九十五号第二項適用[A].东京：日本国立公文書館アジア歴史資料センター，1906年(明治三十九年)9月28日，請求番号：纂01005100，件名番号：020。

② 吴朋寿. 京师法律学堂与京师法政学堂[M]. 文史资料选辑，北京：中国文史出版社，2000：138.

③ 参见[日]南里知樹. 中国政府雇用の日本人，近代日中关系史料(第二集)[G]. 東京：龍溪書舍，1976：附属资料一的第8页和第10页。另外还可参见熊達雲. 清末における中国法律の近代化と日本人法律顾问の寄与について—松岡義正と民事関係法律の編纂事業を中心にして[J]. 山梨学院大学法学論集，2014年3月10日第72、73卷：129-210。

前往清国的申请书附件中称其月俸是 800 圆。① 据笔者推测,很有可能清政府给应聘来华编纂法典的日本专家提供的月俸标准是相同的,都为 800 圆。只因当时清政府急于起草商法,另外志田钾太郎的不愿意来华也加大了自身的筹码,因此志田钾太郎的月俸标准最终才提高至 950 圆。

从以上信息可推知,关于清政府和冈田朝太郎的谈判经过大致如下:清政府在和冈田朝太郎商讨应聘来华事宜的过程中,起初冈田朝太郎理所当然地认为清政府给予的身份为"顾问",在梅谦次郎提出月俸 1000 圆被刑部回绝的情况下,冈田朝太郎提出月俸 800 圆的要求。刑部本想将月俸降至 600 圆,但因冈田朝太郎不同意,于是刑部不得不接受冈田朝太郎提出的条件。之后双方就应聘事宜继续商谈。在商谈过程中,清政府提出不能以"顾问"名义聘请,这让冈田朝太郎不满,冈田朝太郎提出无论如何都应该就参与法典编纂的工作给出一个名分,例如"调查员"。在 1906 年 8 月 1 日,冈田朝太郎本以为自己的应聘身份是"调查员兼教习",无奈清政府最终给予的身份只是"教习兼调查员"。在对应聘职名不满的情况下,冈田朝太郎提出增加月俸的要求,清政府只同意将其待遇提高至 850 圆,冈田朝太郎也不过分计较,最终和清政府达成一致意见,同意应聘来华帮助起草《大清新刑律》草案等。

明治三十九年(1906 年)九月二十四日的《东京朝日新闻》②报道了冈田朝太郎即将来华赴任的消息,对其工作内容及工作场所做了简单介绍:"这次作为京师法律学堂教习兼钦命修订法律馆调查员而被清政府招聘的

---

① [日]東京高等商業学校教授兼東京帝国大学法科大学教授法学博士志田鉧太郎清国政府ノ聘用ニ応シ俸給ヲ受ケ並ニ在職者ニ関スル規定適用ノ件[A]. 東京:日本国立公文書館アジア歴史資料センター,1908 年(明治四十一年)9 月 9 日,請求番号:纂 01086100,件名番号:027。

② 《朝日新闻》是日本三大综合性日文对开报纸之一。1879 年 1 月 25 日在大阪创刊,创办人是木村滕、村山龙平。草创时期为插图小报,以"不偏不党"为办报方针。1888 年实行产业化管理,以《东京朝日新闻》打进东京出版。1930 年前后,与《读卖新闻》《每日新闻》在东京形成三报第一次鼎立竞争的局面。1940 年 9 月 1 日在各地出版的报纸统一名称为《朝日新闻》。

法学博士冈田朝太郎氏预定将于九月三十日上午六点前往北京赴任，京师法律学堂是一所简单修习法律学的地方，学制为速成科一年半、本科三年毕业。修订法律馆附属于法律调查局，为翻译和准备编纂法律之机关。学堂与学馆的主事人为修律大臣沈家本与伍廷芳二位，沈家本氏为清律及汉律的大学者，朝野无人出其右，伍廷芳在美留学七八年，为西方法律学者。另据说冈田氏合约期为三年。"①

总之，冈田朝太郎不拘泥于"顾问"的身份，不过分计较工资待遇，积极来华辅助清政府编纂法典，在应聘来华的过程中做出了很大的退让。

首先，在应聘身份上，如果在争议的过程中，冈田朝太郎坚决不妥协的话，他是否能应聘来华也是一个需要重新考虑的问题。为了能将自己在日本尚未实现的刑法理念得以在清国实施，冈田朝太郎甘愿放弃名义来华。

其次，在应聘待遇上，冈田朝太郎也持着一定的看法。既然清政府在名义上无法完全照顾自己的感受，那在待遇上应该能略微顾及自己的想法。最终清政府将其待遇提高了50圆，在这样的情况之下，冈田朝太郎认同了清政府给予的待遇条件，同意应聘来华。因此可见，冈田朝太郎在待遇问题上并没有过度计较。笔者猜测冈田朝太郎在待遇上不过分计较的另一个原因是当时明治政府为了鼓励日本法律专家前往清国应聘，特设如下规定：前往清国应聘的人才在华工作期间，在领取清政府给予的薪金的同时，可以享受在日在职的工资待遇，② 这个规定在某种程度上满足了冈田朝太郎在待遇上的要求。当冈田朝太郎和清政府在应聘身份和待遇上达成一致意见时，冈田朝太郎同意应聘来华。

---

① ［日］岡田博士の赴任期［N］．東京朝日新聞，1906-09-24（3）．

② ［日］東京帝国大学法科大学教授法学博士岡田朝太郎清国政府ノ招聘ニ応シ俸給ヲ受ケ並明治三十七年勅令第一百九十五号第二項適用［A］．東京：日本国立公文書館，1906 年（明治三十九年）9 月 28 日，請求番号：本館-2A-013-00・纂 01005100，件名番号：020。日本政府曾于 1904 年（明治三十七年）颁布过相关勅令，其中第一百九十五号第二项有如前规定。

（三）达成聘用协议及启程来华时间

冈田朝太郎和驻日公使杨枢于光绪三十二年七月二十六日［明治三十九年（1906 年）九月十四日］正式签订了合同。① 签订合同以后，冈田朝太郎便踏上了前往清国的旅途。关于冈田朝太郎的来华时间，研究者们各有不同的看法。日本学者宫坂宏认为冈田朝太郎是在明治三十九年（1906 年）的冬天从东京启程来北京的。② 李贵连老师指出，关于董康一行和冈田朝太郎是否同行来到清国，现在还没有足够的资料能证明这一点，但有一点是可以完全肯定的，即董康一行和冈田朝太郎几乎是同一时期到达北京的，而董康一行是在 1906 年 12 月陆续回到北京的。③ 换句话说，李贵连老师认为冈田朝太郎是于 1906 年 12 月到达北京的，这与日本学者宫坂宏判定的时间相近，或许是受到前者观点的影响。

关于冈田朝太郎来华时间的问题包括何时启程来华和何时到达北京两个问题。根据现有资料，只能明确冈田朝太郎的启程来华时间，至于冈田朝太郎何时到达北京的问题留待以后研究。

冈田朝太郎曾在其文章中记载道：予乃ち同年の未、燕京に赴き……④再查阅前文可知此处的"同年"是指光绪三十二年，即明治三十九年（1906 年）。因此，以上日语句子可翻译为：我是光绪三十二年［明治三十九年（1906 年）］的"未"奔赴燕京的。"未"有阴历八月的意思，根据阴阳

① 冈田朝太郎聘用合同的具体内容请参见［日］外务省记录《外国官庁に於テ本邦人雇入関係雑件/清国之部》第四卷（一）（3 門 8 類 4 項 16—2 号）［A］. 东京：日本外务省外交史料館。

② ［日］宫坂宏. 清末近代法典编纂と日本人学者—刑律草案と岡田朝太郎［J］. 専修大学社会科学研究所月報，1967 年第 46、47 号（合刊）：15。

③ 李贵连、［日］松田恵美子. 清末の立法にみられる日本人法律家の影響［J］. 名城法学，1996 年第 45 卷第 4 号：13。

④ ［日］岡田朝太郎. 清国の刑法草案について［J］. 法学志林，1910 年第 12 卷第 2 号：119。该资料的第 119 页倒数第二列（因当时的文章是竖着写的）中写着如上所示的日语句子。

历的换算关系，应该是在 1906 年 9 月中下旬或 10 月上旬。因此，根据冈田朝太郎自己的记述可以推知他应该是 1906 年 9 月中下旬或 10 月上旬启程来华的。

此外，冈田朝太郎曾于 1908 年 1 月写给其好友严谷小波氏的信中提到其自从 1906 年 10 月来华后一直到 1908 年 1 月为止，从未给日本东京同仁写过任何一封长信。① 这封信中提到其最初来华的时间是 1906 年 10 月，该信完成于 1908 年 1 月，与其 1906 年 10 月最初来华的时间相隔一年两个月左右。应聘来华应该算得上是冈田朝太郎人生中的一件大事，当时的冈田朝太郎正值壮年，30 多岁，笔者认为冈田朝太郎对其来华时间的记忆应该不会有错误。因此，可以进一步断定冈田朝太郎应该于 1906 年 9 月中下旬或 10 月上旬从日本出发来北京的。

日本国立公文书馆所藏资料内容显示，明治三十九年(1906 年)九月二十八日，内阁总理大臣侯爵西园寺公望上奏日本政府，关于同意冈田朝太郎前往清国应聘，适用日本明治三十七年(1904 年)的在职规定。② 由此，有《大日本博士录》中记载的如下内容：冈田朝太郎于明治三十九年(1906 年)九月二十九日以在职的身份接受清国的招聘，担任修订法律馆调查员兼法律学堂教员。③ 这里并没有明确指出冈田朝太郎是在哪一天来华，但可以推断的是 1906 年 9 月 29 日，冈田朝太郎来华的事已经完全确定下来了。由此推断，冈田朝太郎动身来华的时间不会早于 1906 年 9 月 29 日。

---

① ［日]岡田朝太郎. 唐土や花は咲かねど冬の月[J]. 手紙雑誌，1908 年第 6 卷第 1 号：55。

② ［日]東京帝国大学法科大学教授法学博士岡田朝太郎清国政府ノ招聘ニ応シ俸給ヲ受ケ並明治三十七年勅令第百九十五号第二項適用[A]. 東京：日本国立公文書館，1906 年(明治三十九年)9 月 28 日，請求番号：本館-2A-013-00・纂 01005100，件名番号：020。这是日本明治政府为了鼓励人才前往清国应聘所采取的措施。即为前往清国应聘的人才在华工作期间，在领取清政府给予的薪金的同时，可以享受在日在职的工资待遇。冈田朝太郎所任教的大学是东京帝国大学法科大学，属于公立学校，其员工受文部省管理。因此，冈田朝太郎的应聘是需要得到日本政府首肯的。

③ ［日]井関九郎監修. 大日本博士録(第一卷法學博士及藥學博士之部)[M]. 東京：発展社，1921：49.

　　另根据国立公文书馆资料《東京帝国大学法科大学教授法学博士岡田朝太郎依願文官高等試験臨時委員被免ノ件》①的提示，冈田朝太郎是于1906年10月2日向内阁总理大臣侯爵西园寺公望提出辞去高等考试临时委员的申请。此后，日本法学专业杂志《法学协会杂志》第24卷（1906年）第10号②中《冈田博士の渡清》一文中报道：冈田朝太郎将于本月3日（即10月3日）以在职身份去清国赴任。③ 从常理推测，冈田朝太郎应该是在完成了相关来华的必要程序之后才会启程来华。因此，笔者认为冈田朝太郎是于1906年10月3日启程来华的。④

　　另据《读卖新闻》的报道，1906年10月4日冈田朝太郎和妻子冈田舒子在报纸上向给他们送行的人道谢，这说明10月4日冈田朝太郎已经离开日本。⑤ 这一信息进一步验证了笔者关于"冈田朝太郎是于1906年10月3日启程来华"的结论。⑥

---

　　① ［日］東京帝国大学法科大学教授法学博士岡田朝太郎依願文官高等試験臨時委員被免ノ件［A］. 东京：日本国立公文書館，1906年（明治三十九年）10月5日，請求番号：本館-2A-019-00・任B00449100，件名番号：029。

　　② 日本《法学协会杂志》是一年一卷，一卷共有十二号。即为每个月发行一号。

　　③ 《法学协会杂志》的报道显示在1906年10月初的时间段内，冈田朝太郎应聘来华的信息是当时日本法学界关注的焦点。

　　④ 《東京朝日新聞》1906年（明治三十九年）9月24日中曾报道"冈田朝太郎氏预定将于九月三十日上午六点前往北京赴任"，详细内容请参见［日］岡田博士の赴任期［N］. 東京朝日新聞，1906-09-24（3）。笔者认为该报道发布的时间是1906年9月24日，据冈田朝太郎预定启程来华时间1906年9月30日尚有一段时间，很有可能出现报道不准确的情况。《法学协会杂志》作为当时日本法学界的专业杂志，其对冈田朝太郎来华时间的报道更为可靠。《法学协会杂志》第24卷（1906年）第10号中《冈田博士の渡清》一文中报道：冈田朝太郎将于本月三日（即10月3日）以在职身份去清国赴任。

　　⑤ 详细内容请参见［日］《読売新聞》1906年（明治三十九年）10月4日上的报道。日本人历来有如下习惯：被送行的人会对送行人表示感谢。但因当时通讯设备落后，冈田朝太郎又远走他国，只能选择在报纸上登载相关信息以表谢意。

　　⑥ 至于宫坂宏认为"冈田朝太郎是在明治三十九年（1906年）冬天从东京出发来北京"的原因，笔者认为可能是对冈田朝太郎《清国の刑法草案について》一文中的"予乃ち同年の末、燕京に赴き……"中的"末"一字的误读，即将"末"看成了"末"。

当时从日本的东京出发到达北京所需时间应该在二十日之内。① 根据卫藤瀋吉、李廷江的研究成果可知，杨枢曾于光绪三十二年七月二十一日[明治三十九年(1906年)九月九日]写信给日本西园寺公望内阁总理大臣，其中主要是关于招聘冈田博士、请速启程的内容。② 由此可见，清政府当时是急切盼望冈田朝太郎来华，冈田朝太郎自身也希望能尽快参与清末法制变革。按常态推测，冈田朝太郎应该不会一直到1906年12月才到达北京。因此，李贵连老师提出的"冈田朝太郎是于1906年12月到达北京"的说法是不正确的。

另根据《法律新闻》第396号[明治三十九年(1906年)十二月二十日]的内容《清国公使館における司法幹部に対する慰労会》的介绍，当时董康还在日本和当地的司法干部聚会，因此冈田朝太郎是不可能和董康同行的。根据以上研究，笔者认为冈田朝太郎是于1906年10月3日启程来华的，而且不可能与董康同行。

从其具体的启程来华时间来看，冈田朝太郎在完成了相关来华的必要程序之后就立刻来华，可见其还是十分迫切希望尽快参与中国的法制变革，这也从另外一个侧面验证了冈田朝太郎应聘来华的心态是积极主动的。

---

① ［日］広池千九郎. 広池千九郎博士清国調査旅行資料集［M］. 东京：法人財団モラロジー研究所，1978：1-2. 这是一本记录広池千九郎博士对中国进行为期60天的调查旅行情况的书。该书的第1-2页中介绍了広池千九郎博士的行程。広池千九郎博士从大阪出发，路经下关、釜山、京城、平壤、新义州、奉天、大石桥、大沽、天津，最后达到北京，这一段行程总共花费时间十五天。其中包括在釜山逗留的一天时间。另外，広池千九郎博士介绍当时从上海到长崎需要四天时间，从长崎到东京需要两天时间，从北京到汉口需要三十六个小时。从以上资料，粗略推断出当时从东京到北京所需时间应该在二十日以内。根据笔者目前所获取的信息，具体所需时间，无法得知。

② ［日］衛藤瀋吉，李廷江. 近代在華日人顧問資料目録［M］. 北京：中華書局，1994：63页中的第310项。

三、在华参与的修律工作

因《大清新刑律》从最初起草到最终定案共有六案,^① 本文中主要涉及第一案、第二案和第六案。为方便说明,第一案在本文中被称为"《大清新刑律》草案",因此,本文中所提及的《大清新刑律》草案,如无特别说明,仅指由冈田朝太郎于1907年8月上旬完成的后经修订法律大臣、法部右侍郎沈家本等于光绪三十三年八月二十六日(1907年10月3日)和光绪三十三年十一月二十六日(1907年12月30日)上奏的刑律草案总则和分则。第二案在本文中被称为"《修正刑律草案(附案语)》",即指法部、修订法律馆在宣统元年十二月二十三日(1910年2月2日)上奏的草案。第六案在本文中被称为"《大清新刑律》",即指最终于宣统二年十二月二十五日(1911年1月25日)正式颁布的《大清新刑律》。至于其余草案,本文在涉及时会一一加以说明。

(一)起草《大清新刑律》草案

发生于1904年2月8日至1905年9月5日的日俄战争的结果大大刺激了国人,昔日被视为蕞尔小国的日本战胜了号称北极熊的第一专制大国沙俄帝国。于是,国人对于立宪的呼声越来越大。清政府在种种压力面前

---

① 详细内容请参见周少元. 中国近代刑法的肇端—《钦命大清刑律》[M]. 北京:商务印书馆,2012:318-319.

不得不加大新政改革力度，新政的性质遂发生了巨大的变化，从政治上的小修小补到对国体政体进行重新改革。这方面清政府尚无经验，便需借鉴日本明治维新时的做法，派人出洋考察政治，聘请外国专家。继而朝廷于光绪三十二年(1906年)七月十三日下诏预备仿行立宪，并将官制先行改革作为立宪初阶在诏书中一并宣布，紧接着九月即开始官制改革，史称"丙午改制"。① 正是在这样的背景之下，冈田朝太郎应邀来华帮助清政府修订新刑律。据媒体报道其来华后，居住在北京的南宁胡同，从事法典编纂工作。②

1. 冈田朝太郎来华时的修律基础

光绪二十七年(1901年)，慈禧下诏变法、行新政，改革法制正是清末新政的内容之一，为适应"新政"的需要，清政府着手对旧律进行大规模变通改订。

光绪二十八年(1902年)，直隶总督袁世凯、两江总督刘坤一、湖广总督张之洞联名会保刑部左侍郎沈家本、出使美国大臣伍廷芳主持修订法律，该保奏得到朝廷首肯。光绪二十八年四月初六日(1902年5月13日)发布《修订法律、改进司法谕》：现在通商交涉事益繁多，著派沈家本、伍廷芳将一切现行律例，按照交涉情形，参酌各国法律，悉心考订，妥为拟议，务期中外通行，有裨治理。此后于光绪三十年(1904年)四月一日设立了专门机关——修订法律馆。此时伍廷芳正出使国外，刑部担心新订之律扞格难行，于是将大清律例先行删节，以备过渡之需，初由刑部修正，后改归法律馆办理，由沈家本主持，直到光绪三十五年(1909年)此项工作才完成，定名为《大清现行刑律》，于宣统二年(1910

---

① 陈煜.清末新政中的修订法律馆：中国法律近代化的一段往事[M].北京：中国政法大学出版社，2009：49-50.

② [日]冈田博士[N].読売新聞，1907-02-13.

年）九月颁行。① 由上可见，在冈田朝太郎来华之前，沈家本已着手《大清现行刑律》的修订工作，以备改革过渡之用。

据冈田朝太郎所写文章回忆，其参与新刑律草案编纂的大致过程如下，冈田朝太郎到达北京之后，经调查发现起草新刑律草案的工作已经开始，其中新刑律草案的总则已完成，分则已完成百分之八九十。冈田朝太郎通读了一下，发现主要是参照日本 1880 年旧刑法编制而成的。② 这里冈田朝太郎所说的新刑律草案究竟是何人所完成，值得关注。首先，笔者能肯定的是这个刑律草案并不是沈家本已着手修订的《大清现行刑律》，因为冈田朝太郎在回忆文中指出这个刑律草案是参照日本国旧刑法而编制的，而沈家本的《大清现行刑律》是在《大清律例》的基础上进行删减的，这是两

----

① 这里的《大清现行刑律》是指宣统二年（1910 年）九月颁布的《现行刑律》。关于《大清现行刑律》的制定，最初于光绪二十八年（1902 年）起由沈家本在《大清律例》的基础上修改，后因官制改革，被迫中止。光绪三十二年（1906 年）九月冈田朝太郎应聘来华开始起草《大清新刑律》草案，于光绪三十三年（1907 年）九月最终完稿。修订法律馆上奏该草案后，朝廷下宪政编查馆交各中央部院堂官、地方各省督抚、将军都统签注意见。与此同时，光绪三十四年（1908 年）正月二十九日，沈家本、俞廉三向清廷《奏请编定现行刑律以利推行新律基础折》，请求继续"删订旧有律例及编纂各项章程"，编定后"定其名曰现行刑律"。《现行刑律》的名字由此而始。这里的"旧有律例"就是《大清律例》。同年五月廿八日，宪政编查馆大臣奕劻会同法部上奏，赞同沈家本等的意见。《现行刑律》正式开始编订。宣统元年（1909 年）八月二十九日，沈家本、俞廉三主持编订《现行刑律》告竣，奏上清廷。同年十二月二十三日，奕劻将宪政编查馆核议后的《现行刑律》进呈，请求将原稿和核订稿一起交沈家本等缮写后刊印颁行。宣统二年（1910 年）四月初七日，奕劻、沈家本联衔奏进缮写后的《现行刑律》定本。清廷随即下谕："著将刊刻成书，颁行京外，一体遵守。"是年九月初二日，《现行刑律》刊印告竣，奕劻、沈家本再次联衔上奏，请求"嗣后凡内外问刑各衙门，悉照此次刊定之本为凭"，不准援引其他版本。至此《大清现行刑律》最终完成。详细内容请参见李贵连.《大清新刑律》与《大清现行刑律》辨正［J］. 法学研究，1982 年第 2 期：45、46。《大清现行刑律》和《大清新刑律》最重要的区别是《大清现行刑律》是在《大清律例》的基础上进行删减的，而《大清新刑律》是由冈田朝太郎起草的一部体现西方最新刑法理念的具有近代意义的刑法典。

② ［日］冈田朝太郎. 清国の刑法草案について［J］. 法学志林，1910 年第 12 卷第 2 号：120.

个体例完全不同的法律文本。

黄源盛教授在其纂辑的《晚清民国刑法史料辑注》一书中指出：在光绪三十一年（1905 年）由章宗祥①与董康联合纂拟的刑律草案，这属于近代中国法史上首部由国人自己起草的刑法草案。惟目前只见该草案的总则部分，至于分则部分是否曾经拟定？完稿与否？其详仍有待查考。②

笔者认为黄源盛教授这里所说的由章宗祥与董康联合纂拟的刑律草案很有可能就是冈田朝太郎《清国の刑法草案について》一文中所指的自己来北京之后所看到的近乎完稿的新刑律草案，因为这个刑律草案是在 1905 年纂拟的，冈田朝太郎是于 1906 年 10 月来华的，从时间节点上来看，这是极有可能发生的事情。黄源盛教授认为这个刑律草案是由章宗祥与董康联合纂拟的，但笔者认为这只是表面现象，实质不然。

章宗祥于 1962 年曾以《新刑律颁布之经过》一文回忆了当时事情的经过。③ 在文章的开头，章宗祥首先交代："清末新旧思想嬗换最明显之事，为改订新刑律问题。自起草至提议，几经讨论，易稿数次，费时近十年，余始终参与其事。"可见，章宗祥对《大清新刑律》的整个起草过程有较强的发言权。关于刑律草案的起草问题，章宗祥陈述到"新刑律总则草案最初由严谷起草，后馆务扩张，聘请冈田朝太郎博士来华，乃由冈田重新整理，拟成新刑律全部草案"。由此，笔者认为黄源盛教授所提到的 1905 年

---

① 章宗祥毕业于日本东京帝国大学，光绪二十九年（1903 年）回国后，在北京京师大学堂任教，清廷赐进士出身。曾任法律馆纂修官、工商部候补主事、民政部财例局提调、宪政编查馆编制局副局长等职。宣统元年（1909 年）任北京内城巡警厅丞，曾参与审理谋刺摄政王载沣未遂案。宣统二年（1910 年）任法律编纂局编修、内阁法制院副使。辛亥革命后，受袁世凯派遣，随唐绍仪参加南北议和谈判。1912 年后任袁世凯总统府秘书、法制局局长、大理院院长等职。代表作品有《东京三年记》《日本留学指南》和《任阙斋东游漫录》。

② 黄源盛纂辑. 晚清民国刑法史料辑注[M]. 台北：元照出版有限公司，2010：3.

③ 章宗祥. 新刑律颁布之经过，文史资料存稿选编（晚清·北洋（上））[G]. 北京：中国文史出版社，2002：35-37.

由章宗祥与董康联合纂拟的刑律草案的总则部分最初是严谷孙藏博士①起草的。

至于分则部分，从章宗祥回忆文的叙述来看，很有可能是章宗祥与董康完成的。回忆文中提到："余自留学归国，即在仕学、进士两馆专授刑法，故对于新律问题，尤有趣味，无日不望学理见诸实际。旧派中有新思想者，惟董绶经②一人。董自开馆后，热心进行，与余讨论研究最切，除会议日外，董与余每日辄在馆编译草案，虽盛夏不事休息。……两人对坐，余口译，董笔述，至今犹能忆及当时情状。"这里"余口译"的对象究竟是什么？这是一个值得深究的问题。

章宗祥曾毕业于日本东京帝国大学，他对日本法学比较熟悉，于1903年回到国内。章宗祥在其回忆文中提到"董自开馆后，热心进行，与余讨论研究最切，除会议日外，董与余每日辄在馆编译草案"，按照常理推断章宗祥和董康编译草案时，冈田朝太郎应该还没有来华。日本新刑法是1907年颁布的（1908年10月1日起施行），那时冈田朝太郎已来华开始起草《大清新刑律》草案，因此章宗祥口译的对象应该是1906年12月之前日本已经颁布的旧刑法。冈田朝太郎在其回忆文中指出："我通读了一下，发现主要是参照日本旧刑法，需要修改的地方实在太多。"③冈田朝太郎的说法进一步验证了严谷孙藏、章宗祥和董康所合编的刑律草案是以日本旧刑法为参照对象的。所以，章宗祥文章中所提及的"余口译"的对象应该是日本旧刑法即1880年颁布的刑法。

---

① 严谷孙藏的学术专攻是德国民法，于明治三十五年（1902年）十月受聘担任清政府北京大学堂仕学馆正教习，于明治三十六年（1903年）担任进士馆正教习。迄至1905年为止，严谷孙藏的来华时间已经有三年左右，可以说他对中国有一定程度的了解，于是让其起草新刑律草案就很有可能是一个快捷有效的方法。因严谷孙藏并不擅长汉语，因此笔者认为严谷孙藏所起草的新刑律草案总则最初很有可能是日语的，但因严谷孙藏的专业是民法，其对刑法并不十分了解，因此他十分希望刑法专业出身的冈田朝太郎来华协助，在冈田朝太郎来华过程中积极斡旋。

② 因董康的字为绶经，故董绶经即为董康。

③ 参见［日］冈田朝太郎．清国の刑法草案について［J］．法学志林，1910年第12卷第2号：121.

综合以上信息，笔者认为冈田朝太郎在《清国の刑法草案について》一文中所指的自己来华后所见到的近乎完稿的刑律草案应该是由严谷孙藏、章宗祥和董康以日本旧刑法为参照对象编纂而成的。[①] 但仔细对比一下，我们会发现黄源盛教授提到的1905年由章宗祥与董康联合纂拟的刑律草案中并未提及严谷孙藏博士之名，其中的缘由值得探究。

章宗祥在《新刑律颁布之经过》一文中回忆："修订法律馆最初成立时，大臣之下置提调、总纂、协修等职……总纂为董绥经，余任纂修……"[②]因此，起草完成的刑律草案的编纂人署名为章宗祥与董康，也是符合情理的。此外，章宗祥在回忆文中还指出："在法律馆开办之初，未敢即用外国顾问。余乃创设中外法制调查局，以严谷孙藏博士为局中顾问，由馆酌助经费，间接委以调查及起草各事。[③] 可见在法律馆开办之初，考虑到诸多因素，当时不敢立即聘请外国顾问，只能以间接的方式委托严谷孙藏博士调查及起草新刑律，因此起草完成的刑律草案中自然不能出现严谷孙藏博士的名字。从这个角度来看，黄源盛教授仅从草案文本上是很难看出1905年由章宗祥与董康联合纂拟的刑律草案中有严谷孙藏博士的努力痕迹。

2. 起草《大清新刑律》草案的过程

冈田朝太郎通读了一下由严谷孙藏、章宗祥与董康联合纂拟的刑律草案，觉得该草案需要修改的地方实在是太多。冈田朝太郎认为与其修改，

---

① 笔者推测刑律草案的总则是由严谷孙藏博士编纂的，但因其专攻是民法，所以继续编纂分则有较大的难度，于是由章宗祥和董康继续编纂分则。但章宗祥在《新刑律颁布之经过》一文中并未明确提到是由自己和董康完成了刑律草案的分则，笔者认为是因为他们完成的刑律草案，经冈田朝太郎阅读后被一票否决，而且冈田朝太郎指出其内容基本是抄袭日本旧刑法，应该说这样的评价还是很苛刻，让章宗祥觉得很没面子。所以，章宗祥在文中避而不谈此事。

② 章宗祥. 新刑律颁布之经过，文史资料存稿选编(晚清·北洋(上))[G]. 北京：中国文史出版社，2002：34.

③ 章宗祥. 新刑律颁布之经过，文史资料存稿选编(晚清·北洋(上))[G]. 北京：中国文史出版社，2002：34-35.

还不如重新起草。于是，冈田朝太郎就向沈家本和伍廷芳两位大臣提出了自己的想法，他的想法得到了沈家本和伍廷芳两位大臣的允许，于是冈田朝太郎立即执笔开始起草《大清新刑律》草案。① 但是起草《大清新刑律》草案的过程并不是一帆风顺的，中途出现了一些情况。冈田朝太郎在其回忆文中提道："在刑律总则的一部分脱稿时，突然产生了起草《法院编制法》的必要，于是在1906—1907年之间，在未经认真推敲的状况之下，冈田朝太郎提交了《法院编制法》草案。"②

在完成《法院编制法》草案后，冈田朝太郎又继续编纂《大清新刑律》草案。在起草《法院编制法》草案和《大清新刑律》草案的过程中，修订法律馆中并不是风平浪静的，据冈田朝太郎回忆："在这个过程中，反复交涉，政治及法律上的难题不断，包括法典编纂权的所属、法部司法权的剥夺和司法机关独立等问题。"③冈田朝太郎在此处所提到的一系列问题，即为"部院之争"中的一些重要问题。所谓"部院之争"是指清末"预备立宪"之初进行官制改革的过程中，新设立的法部和大理院在司法权限划分上出现的一场大的争论。光绪三十二年(1906年)九月二十日颁布的新官制规定："刑部改为法部，专任司法；大理寺改为大理院，专掌审判。"这一改革开始改变传统的行政机关兼理审判的制度，建立独立审判原则，其精神实质就是倡导"三权分立"体制下的司法独立。但法部和大理院权限不明确，甚至互

---

① 详细内容请参见[日]冈田朝太郎. 清国の刑法草案について[J]. 法学志林，1910年第12卷第2号：121. 美国学者任达认为冈田博士于1906年9月到任后，马上改弦易辙，坦率地、也完全不恰当地否定了该馆已经完成七八成的刑法初稿，在沈家本和伍廷芳的同意下，重新草拟新的刑法。具体内容请参见(美)任达. 新政革命与日本——中国，1898—1912[M]. 李仲贤，译. 南京：江苏人民出版社，1998年：203. 笔者认为从这里也从一定程度上可以看出冈田朝太郎是急于建功立业的。重新起草草案肯定比修改草案更能名垂青史。冈田朝太郎仅是简单通读了一下，并未认真研究中国现状和草案中的内容就贸然下结论，显得有点草率。当然在时间紧迫的情况下做出这样的举动也是可以理解的。

② [日]冈田朝太郎. 清国の刑法草案について[J]. 法学志林，1910年第12卷第2号：121.

③ [日]冈田朝太郎. 清国の刑法草案について[J]. 法学志林，1910年第12卷第2号：122.

相交叉。不仅是法部"专任司法"及大理院"专掌审判"的谕旨在概念上模糊不清，埋下了法部与大理院的职能冲突的隐患。法部在厘定官制时，积极争取修律之权限。部院斗争的结果，使得朝廷将此问题转给宪政编查馆①来处理，宪政编查馆最后决议：修订法律馆机构独立，不隶属于部院任何一方，从而正式明确了修订法律馆的主体地位，也促使修订法律馆此后事权（编纂法典、起草新律权及人事调配权）的统一。②

据冈田朝太郎所述，在部院之争的过程中，"于1907年夏天，法律馆面临着被关闭的局面"③。此刻的修订法律馆命运危在旦夕，但此时《大清新刑律》草案还没有脱稿，于是冈田朝太郎不分昼夜地努力。特别是1907年7月中旬冈田朝太郎的右腋下出现了一个鸡蛋大的肿包，一天比一天疼，困难重重。因为所剩时间有限，不容片刻犹豫，于是冈田朝太郎用布片包着冰块，把它绑在肩膀上，从下面给肿包降温。最终在8月上旬，完成了全部条文以及理由书。刑律草案完成的当天，冈田朝太郎正在就餐的过程中腋下肿包恶性发作。幸运的是，冈田朝太郎的病得到日本下濑国手的治疗，他给冈田朝太郎做了六次切开手术，后来冈田朝太郎在床上仰卧了42天，此病才慢慢痊愈。④

---

① 光绪三十三年（1907年）八月，清政府为推行"预备立宪"，改考察政治馆为宪政编查馆，直属军机处，下设编制、设计、官报3局，庶务、译书、图书3处，宪政编查馆职官有汪荣宝、劳乃宣、周树模、华世奎、杨寿枢、陈宝琛、刘廷琛、张荫棠、沈家本等。根据陈煜的研究成果，宪政编查馆和修订法律馆的核心成员有许多是重合的。因此，当宪政编查对自己参与修订的法律进行审核，最后的结果是"通过"则无可疑虑了。即使宪政编查馆仍有成员与法律馆修订法律的活动不直接相关，但两馆大多数人员互为双方的咨议、顾问馆员，这点也导致两馆有互相认同感。陈煜．清末新政中的修订法律馆：中国法律近代化的一段往事［M］．北京：中国政法大学出版社，2009：276.

② 陈煜．清末新政中的修订法律馆：中国法律近代化的一段往事［M］．北京：中国政法大学出版社，2009：250.

③ ［日］冈田朝太郎．清国の刑法草案について［J］．法学志林，1910年第12卷第2号：123.

④ ［日］冈田朝太郎．清国の刑法草案について［J］．法学志林，1910年第12卷第2号：121-123.

根据冈田朝太郎文章《清国修正刑律草案（总则）》一文的记载，冈田朝太郎独立完成的《大清新刑律》草案之后又经历过五次修改，具体过程如下：首先草案及《律目考》经过讨论和决议之后被上奏，在1907年以草案的形式由修订法律馆将其公布（即第一案），目的是征询京师各官厅及京外督抚的意见。到1909年初收集了来自许多地方的意见书，取其可取之处，去其糟粕，至1909年12月完成第一次修正草案及案语（即第二案）。第三案是在第二案的基础之上，在1910年由宪政编查馆加以修正。第四案是于1910年冬的第一次资政院会议上，针对第三案由资政院法典股员加以修正。第五案是经资政院三读会通过了刑律草案的总则，但分则部分因时间关系没有来得及讨论，与第四案同。第六案即经过宪政编查馆的修订，经清政府裁可于宣统二年十二月二十五日（1911年1月25日）通过上谕颁行的最终定案。①

《大清新刑律》草案从起草到经历过五次修改，冈田朝太郎最初的刑法思想在其中得以多大程度的体现及保留？这是一个值得探索的问题。

3. 冈田朝太郎的立法思想及实践

冈田朝太郎在起草《大清新刑律》草案时，其重要的立法追求是"最新之法理。"正如他在《刑法总则》一书中所说的那样："各国刑法法典，乃由历史之沿革而成，以学理论之，尚多有不满人意之处，且皆成于十八世纪至十九世纪，已觉其为陈腐，不适用于社会之情形。故各国刑法，皆当改订。其改订已成书者，如荷兰、挪威、日本等国，其余或议改而未定，或已改而未成。至二十世纪，世界各国，必皆有新刑法法典出现。可断言者，中国新定大清新刑律草案，实为最新之法理。研究新刑法之利害得失，须参考新旧学说，不可取欧洲陈腐之法典相比较，俟各国新刑法告

---

① ［日］冈田朝太郎．清国修正刑律草案（总则）［J］．法学協会雑誌，1911年第29卷第3号：371-372．

成，是可为研究中国刑草之材料者也。"①因此，冈田朝太郎在起草《大清新刑律》草案的过程中，尽量把最新的法理体现在其中。

从1906年10月初到1907年8月上旬，冈田朝太郎经过十一个多月的努力，最终完成了《大清新刑律》草案的起草工作。对于这个新生事物，不同的人持有不同的看法。光绪三十三年（1908年）十一月二十二日侍读学士朱福诜②在上奏文中，对刑律草案进行了评价。他认为刑律的宗旨非常好，比当时绝大多数国家的刑法还要先进。只是有一部分人认为这和中国的社会不符，不能适用。此外，当时被清政府聘请来华的日本民法专家松冈义正在京师法律学堂《民法总则》的讲义中提出如下观点：在特定的历史条件下，制定新的法律的目的是取回领事裁判权，而不是为治理本国国民，如果一直拘泥于本国国情，不舍旧取新的话，那是肯定取不回领事裁判权的。所以，中国制定法律要向日本学习，把目的定位在外国，即使新制定出来的法律对国民来说是不方便的，当然旧法律中的值得保留的东西要吸收。目前，在中国有人提出新制定出来的法律是不适合中国国情，那是因为他们只知道法律是支配本国国民的，不知道法律也是用来支配外国国民的。他十分希望当时在京师法律学堂学习的各位学生能够接受他的观点，加大宣传，破除旧势力的迷信，减少对新法律的攻击。③ 笔者认为冈田朝太郎在起草《大清新刑律》草案时也有相同的思路。

从1907年完成的《大清新刑律》草案的整体结构来看，冈田朝太郎做了两方面的调整。一方面，在刑律的体例安排上，改变了我国刑律历来所

① ［日］冈田朝太郎（口述）. 刑法总则［M］. 熊元翰，编，张勇虹，点校. 上海：上海人民出版社，2013：8-9.

② 朱福诜字桂卿，海盐澉浦镇人，出生于1841年。幼时聪慧好学，记忆力强，苦读十余载，通经书、医学和佛经。家贫，以教书为生。后以拔贡入仕，光绪五年（1879）中举。六年成进士，授编修。历任国子监司业，翰林院传讲，翰林院侍读学士，经筵讲官。十八年任会试同考官。二十三年任河南学政。二十九年任贵州学政。以编书劳绩得奖二品顶戴，赏戴花翎，授资政大夫，晋荣禄大夫。逝世于1919年。

③ 熊達雲. 松岡義正と北京京師法律学堂における民事法の教育について［J］. 山梨学院大学法学論集，2014年3月10日第72、73卷：163-164.

形成的"名例律、吏律、户律、礼律、兵律、刑律、工律"的七篇格局，而按"总则、分则"①的体例安排了《大清新刑律》草案的篇章结构，使得《大清新刑律》草案在体例上成为一部现代意义上的专门刑法典。② 另一方面，在《大清新刑律》草案总则中关于"罪"和"刑"的先后顺序上，冈田朝太郎也做出了有意义的调整，③ 将关于"刑"的规定放在了关于"罪"的规定之后。冈田朝太郎在起草刑律草案时，将总则中的相关内容设计如下：第一章法例、第二章不论罪、第三章未遂罪、第四章累犯罪、第五章俱发罪、第六章共犯罪、第七章刑名。④ 虽然当时世界的主流是先刑后罪，但冈田朝太郎仍能坚持自己的主见，提出新颖而合理的观点，因为冈田朝太郎认为罪例应该先于刑例，先因"罪"之后而获得"刑"。⑤

再分析 1907 年完成的《大清新刑律》草案的具体内容，清末法制变革的本质，是从封建法律制度向近代法律制度的转变。在刑法领域中，这一转变主要包括近代刑法三大原则的确立，一是罪刑法定原则，二是罪刑相适应原

---

① 在名称的制定上，1907 年日本新刑法是分为两编，第一编是总则，第二编是罪。冈田朝太郎把第二编的名称由"罪"改成了"分则"。具体内容请参见［日］冈田朝太郎. 冈田朝太郎法学文集［M］. 娜鹤雅，点校. 北京：法律出版社，2015："目录"第 7-8 页。

② 如本文前面内容所述，在冈田朝太郎来华之前，光绪三十一年（1905 年）由严谷孙藏、章宗祥和董康联合起草过一部刑律草案，该草案中已引进近代大陆法系的刑事立法体例，采取了总则和分则并列的立法技术。关于总则的具体内容请参考黄源盛纂辑. 晚清民国刑法史料辑注［M］. 台北：元照出版有限公司，2010：3-34。

③ 在 1905 年严谷孙藏、章宗祥和董康联合编纂的刑律草案中，总则共分为三章，其中第二章的第一节具体规定了"刑名"，即主刑、附加刑的具体所包括的范围。在第三章中规定了"行为"，即未遂犯、共犯、再犯等概念。关于严谷孙藏、章宗祥和董康联合编纂的《刑律草案》的总则的具体结构如下：第一章法例，分为第一节法律效力、第二节称谓例。第二章刑制，分为第一节刑名、第二节微偿、第三节刑期、第四节假出狱、第五节期满免缓、第六节加减例、第七节赦。第三章行为，分为第一节罪责及减免、第二节未遂犯、第三节共犯、第四节数罪俱发、第五节再犯。具体内容请参照黄源盛纂辑. 晚清民国刑法史料辑注［M］. 台北：元照出版有限公司，2010：4。

④ 参见上海商务印书馆编译所编纂. 大清新法令（1901—1911）点校本（第一卷）［M］. 上海：商务印书馆，2010：480-493.

⑤ 1907 年日本新刑法因受到冈田朝太郎的影响，也将相关法条的顺序进行了调整。

则，三是刑罚人道主义原则。这三大原则都在《大清新刑律》草案中有具体体现，部分内容也体现了冈田朝太郎刑法思想中独特的犯罪观和刑罚观。

（1）罪刑法定主义原则在草案中的体现

关于罪刑法定主义原则，冈田朝太郎在《大清新刑律》草案第 1 条和第 10 条中给予了明确的规定，即"凡本律，自颁行以后之犯罪者适用之。若在颁行以前未经确定审判者，俱从本律处断。但颁行以前之律例不为罪者，不在此限"①。"凡律例无正条者，不论何种行为不得为罪。"②这是中国刑事法律走向近代化的一个重要标志。罪刑法定原则的内容要义是法无明文规定不为罪，法无明文规定不处刑。③ 冈田朝太郎在《大清新刑律》草案中对第 10 条的立法理由进行了说明：本条所以示一切犯罪须有正条乃为成立，即刑律不准比附援引之大原则也。凡刑律于正条之行为若许比附援引及类似之解释者，其弊有三：第一，司法之审判官得以己意，于律无正条之行为比附类似之条文致人于罚，是非司法官直立法官矣。司法、立法混而为一，非立宪国之所应有也。第二，法者与民共信之物，律有明文，

① 高汉成主编.《大清新刑律》立法资料汇编［M］. 北京：社会科学文献出版社，2013：24-25。关于刑法的追溯时效问题，当时各国立法例分为两种：一为比较新旧，从其轻者处断；一为不分新旧二法，概从新法处断；当时的《大清新刑律》草案中采取了第二种，关于其具体立法理由，请参见高汉成主编.《大清新刑律》立法资料汇编［M］. 北京：社会科学文献出版社，2013：25-26。

② 高汉成主编.《大清新刑律》立法资料汇编［M］. 北京：社会科学文献出版社，2013：32。这条内容与 1905 年严谷孙藏、章宗祥和董康联合编纂的刑律草案中的第五条的内容有一定的区别。1905 年草案第五条的内容是"凡律无正条者，不论何种行为，不得处罚。"冈田朝太郎将原草案中的"律"改成"律例"、将"不得处罚"改成"不得为罪"，这样条文就显得更合理准确。

③ 李启成老师认为冈田朝太郎提出"废除比附援引、确定罪刑法定"的法条规定，是基于对中国的比附援引制度的错误理解。但在冈田朝太郎的巨大影响下，当时许多深谙刑律的法政人虽然对"废除比附援引、确定罪刑法定"的法条规定持有意见，但都保持了沉默。因为在当时的社会状况之下，对冈田朝太郎鼎力支持是很重要的政治智慧。具体内容请参考李启成. 冈田朝太郎与晚清废除比附援引——兼论法律进化论在近代中国的影响［C］. 中国法律史学会 2012 年学术年会论文集（下），南京师范大学法学院 2012 年 11 月 10—11 日：1034-1049。

乃知应为与不应为。若刑律之外，参以官吏之意见，则民将无所适从。以律无明文之事，忽援类似之罚，是何异于以机阱杀人也。第三，人心不同，亦如其面。若许审判官得据类似之例科人以刑，即可恣意出入人罪，刑事裁判难期统一也。因此三弊，故今惟英国视习惯法与成文法为有同等效力。此外，欧美及日本各国无不以比附援引为例禁者。本案故采此主义，不复袭用旧例。①

（2）罪刑相适应原则在草案中的体现

罪刑相适应原则又可称为罪刑相当原则，即为处理"犯罪"和"刑罚"两大实体范畴之间关系的原则之一，因此，"其基本含义可以简单地概括为：无罪不罚，有罪当罚；重罪重罚，轻罪轻罚；一罪一罚，数罪并罚；罪当其罚，罚当其罪。"②罪刑相适应原则在《大清新刑律》草案的相关规定，具体展现在四个方面。

第一，冈田朝太郎在《大清新刑律》草案中确立了近代刑罚体系。新的刑罚体系由主刑和从刑组成，主刑有死刑、无期徒刑、有期徒刑、拘役和罚金，从刑有褫夺公权和没收。这一刑罚体系打破了中国封建刑罚体系的模式，奠定了新的刑罚体系的基础，被北洋政府和南京国民政府所继承。

第二，规定了轻重有别的处罚原则。分别为防卫过当，减轻；未遂犯、中止犯，减免；共同犯罪中，从犯减轻；对俱发罪，采取限制加重原则。其中最能体现冈田朝太郎刑法思想中刑罚论特色的是关于"得减主义"的处罚主张。

首先关于未遂犯和中止犯的处罚问题，冈田朝太郎主张将其"得减主义"之理论运用到《大清新刑律》草案中，并最终获得通过。《大清新刑律》草案的第17条规定：凡谋犯罪已着手，因意外之障碍不遂者，为未遂犯，其不能生结果之情形时亦同。未遂犯之为罪，以分则各条定有明文为断。

---

① 上海商务印书馆编译所编纂. 大清新法令（1901—1911）点校本（第一卷）[M].上海：商务印书馆，2010：473.

② 曲新久. 刑法的精神与范畴[M]. 北京：中国政法大学出版社，2000：424.

65

未遂罪之刑,得减既遂罪之刑一等或二等。但褫夺公权及没收,不在减等之限。① 其第18条规定:凡谋犯罪,已着手而因己意中止者,得免除本刑或减二等或三等。②

除未遂犯和中止犯外,另对从犯的处理规定,冈田朝太郎也做出了更为合理的调整。当时中国现行律例的原则是从犯之刑比正犯之刑减一等③,冈田朝太郎在《大清新刑律》草案中规定"从犯之刑,得减正犯之刑一等或二等"。冈田朝太郎给出的立法理由是:从犯之刑比正犯之刑减一等,或得减一等,各国刑法多数皆同。然恒有不过帮助以一二无足轻重之语言者,情节究轻。倘照减一等或得减一等,未能适合本案,故特定得减一等或二等之例。④

在刑律草案的第49、50条关于宥恕减轻的规定中,冈田朝太郎认为现行旧律中的"必减主义"是错误的,只有"得减主义"才是合理的。冈田朝太郎在刑律草案的第八章宥恕减轻的立法理由中解释到:宥恕减轻,各国刑法大率附于勿论罪之后。然勿论罪乃纯粹之无罪,宥恕者,已负责任不过较普通犯罪之责任应减轻耳,故本案析为一章,并设有如下条文。第四十九条凡十六岁以上二十岁未满之犯罪者,得减本刑一等,第五十条凡聋哑者及满八十岁之犯罪者,得减本刑一等或二等。⑤

---

① 上海商务印书馆编译所编纂.大清新法令(1901—1911)点校本(第一卷)[M].上海:商务印书馆,2010:480-481.

② 上海商务印书馆编译所编纂.大清新法令(1901—1911)点校本(第一卷)[M].上海:商务印书馆,2010:482.

③ 1905年严谷孙藏、章宗祥和董康联合编纂的《刑律草案》中也有类似规定。具体内容请参见黄源盛纂辑.晚清民国刑法史料辑注[M].台北:元照出版有限公司,2010:29.其中第六十六条规定:凡以言语或行为帮助正犯者,为从犯。从犯之刑,依正犯减一等。

④ 上海商务印书馆编译所编纂.大清新法令(1901—1911)点校本(第一卷)[M].上海:商务印书馆,2010:490-491,第490-491页的内容是第三十一条规定和相关立法理由的说明。

⑤ 上海商务印书馆编译所编纂.大清新法令(1901—1911)点校本(第一卷)[M].上海:商务印书馆,2010:502.

第三，规定了近代刑罚制度。具体包括累犯制度、自首制度、酌减制度、缓刑制度和假释制度，其中最能体现冈田朝太郎刑法思想中刑罚论特色的是在无期徒刑的执行方法以及关于缓刑的新规定。

关于无期徒刑的执行方法问题，冈田朝太郎认为无限期羁押犯人不利于对犯罪人进行特殊预防，也不利于监狱管理。在《大清新刑律》草案的第37条中规定，凡受无期徒刑之宣告者，必须监禁于监狱，并服法定之劳役。他在该条的立法理由中解释到：徒刑分无期、有期二种，凡囚人受无期徒刑之宣告者，则监禁于监狱，使服法定之劳役。无期之自由刑与死刑同在各国有全废止之者，如葡萄牙、墨西哥、委内瑞拉、乌鲁魁、爱加脱等是。然人有凶恶次于死刑者，必处以无期徒刑，以防其再犯。且如以上数国之外，各国大都仍而不废，夫固有不能轻于废止者。本案故亦采用此意，受无期徒刑之人，若能湔濯前愆，仍许其有出狱之望。盖使国家能因此多一良民，未始非一国之福也。① 另外，冈田朝太郎还认为徒刑及拘役都应该附有定役，排除了无定役的自由刑，确立了有定役的自由刑制度。他在立法理由中解释到：现今各国之立法例，往往以无定役自由刑与有定役自由刑②并行，其始意不过出于优待非破廉耻③之囚人，比如国事犯。而本案中之所以不采用无定役的自由刑，其理由有四：拘置人于监狱，动经岁月。若不加以劳动，非优待实痛楚之耳一也。各国为无定役刑辩护者，恒谓囚人身体不胜定役，果系属实，监狱规则可以特定免役之例，若使一切尽处以无定役刑，在刑法实非所宜二也。劳动与人之身份地位固不尽相宜，然既经犯罪，则应以罪为其刑之标准，不应再顾其人之身份及地位。况以劳动为贱民之卑业，则社会之托业于劳动者，又将何说三也。监狱之费用浩繁，无非支拨于国帑，实则仰赖国民之供给。课囚徒以劳动，

① 上海商务印书馆编译所编纂. 大清新法令（1901—1911）点校本（第一卷）[M]. 上海：商务印书馆，2010：494.

② 无定役自由刑是指服刑期间，不需参加体力劳动。有定役自由刑是指服刑期间，必须参加体力劳动。

③ 日语中"破廉耻"是指丢脸的意思。"非破廉耻"即为不丢脸的意思。

可以减少良民之担负四也。况犯罪之人大率游惰成性，于此更可养成其劳动之习，庶赦免之后借以谋生，不再犯罪，此定役尤所以必需也。① 冈田朝太郎的解释至今看来都是颇有道理的。

关于缓刑问题，冈田朝太郎积极将缓刑制度引入《大清新刑律》草案中，在其第十二章犹豫行刑（即第63—65条）详细规定了相关制度。② 日本刑法专家牧野英一曾提出"把缓刑思想导入日本的第一位学者是冈田博士"，冈田朝太郎关于缓刑问题的思想主张在《大清新刑律》草案中也有明显体现。冈田朝太郎认为刑罚为"国家未制裁犯罪而对个人利益的剥夺"，刑罚制度的主旨在于促使受刑人"改过迁善"，如果为了实现刑罚的本来目的而必要的话，刑罚执行中，应当避免施加与受刑人一切不必要的痛苦，并使之有规律地生活和养成劳动的习惯。③

第四，确认法律适用的主体平等。取消了中国封建法律中长期存在的议、请、减、赎、当、免等特权，努力实现男女平等、长幼平等。《大清新刑律》草案第二条规定："本律中凡在帝国内犯罪者，不问何人适用之。其在帝国外之帝国船舰内犯罪者，亦同。"在《大清新刑律》草案中，传统法律文化下本夫对妻妾享有的特权、尊长对卑幼享有的特权几乎都被取消。

(3)刑罚人道主义原则在草案中的体现

刑罚人道主义原则体现的是国家在规定和运用刑罚时对犯罪以及犯罪之实施者的一种宽容的态度，其实质上是人道主义原则在刑法上的体现，可具体细化为否定性规则和肯定性规则两个方面。一方面，刑罚人道主义之否定性规则的主要含义是绝对禁止酷刑和其他残忍、不人道或有辱人格

---

① 上海商务印书馆编译所编纂．大清新法令（1901—1911）点校本（第一卷）[M]．上海：商务印书馆，2010：495.

② 上海商务印书馆编译所编纂．大清新法令（1901—1911）点校本（第一卷）[M]．上海：商务印书馆，2010：508-510.

③ 冈田朝太郎曾在1880年日本旧刑法的修改中提出"引入缓刑制度"的改革措施，最终被1907年日本新刑法所采用，笔者认为这也是冈田朝太郎提出的独特的合理新观点之一。

的待遇或处罚。"防止非人道的刑罚，以下规则十分重要：1. 损害人的完整性、损害人的身体健康的刑罚方法是残忍的刑罚方法，因而属于酷刑，肉刑、体罚应当予以禁止。2. 禁止不人道的刑罚方法，限制并最终废除死刑。3. 禁止有辱人格的待遇或处罚，禁止精神折磨。4. 改良刑罚的执行，刑罚的执行非以折磨、侮辱为目的。5. 执法人员只有在绝对必要时才使用武器，并且不得超出执行职务所必须的范围。6. 刑罚应当是最后的不得已的社会防卫措施，如果采取其他方法可以有效地保护社会，就没有必要使用刑罚方法。7. 将酷刑行为规定为犯罪，予以刑罚惩罚。"①另一方面，"实现刑罚人道主义的肯定性规则，需要我们特别关注以下几点：1. 以自由刑为中心建立刑罚体系，并重视罚金刑；自由刑之替代措施的规定与适用。2. 自由刑的执行应当以受刑人重返社会为目的。3. 刑罚执行过程中应当满足受刑人之作为人的各种需要，给予其人道的待遇。"②

在《大清新刑律》草案中的主要体现如下：删除重法，设置近代刑种；酌减死罪，确立死刑唯一制度；对未成年人犯罪实施惩治教育；对精神病人、暗哑人行为实施特别规定；对老者实施宥减等。其中最能体现冈田朝太郎刑法思想中刑罚论特色的是确立死刑唯一制度和对未成年人犯罪实施惩治教育制度。

关于死刑的执行方法问题，在《大清新刑律》草案的第38条中，冈田朝太郎提倡死刑的执行方法宜仅采用一种，而不能采用斩或绞等多种手段来区分处罚的轻重。③ 为此，他专门写了一篇题为《死刑宜止一种论》的文章，文中首先指出当时的世界发展趋势，用一张表格详细而清晰地列举了当时已有28个国家出现了针对非国事犯或国事犯废除死刑的法律条文，之后又列举出12个国家恢复死刑的现状。对于死刑的执行方法，文中指出德

---

① 曲新久. 刑法的精神与范畴[M]. 北京：中国政法大学出版社，2000：543.
② 曲新久. 刑法的精神与范畴[M]. 北京：中国政法大学出版社，2000：552.
③ 上海商务印书馆编译所编纂. 大清新法令（1901—1911）点校本（第一卷）[M]. 上海：商务印书馆，2010：499。第38条的具体内容是：凡死刑用绞，于狱内执行。受死刑之宣告者，迄至其执行，与他囚人分别监禁。

国、奥地利、匈牙利、瑞典、布鲁加利亚、西班牙、英吉利、法国及日本等国家都采用了绞或斩中的一种，且都是秘密执行的，其中除去西班牙刑法中没有明确规定。虽然有些国家也采用绞和斩两种死刑执行方法，但并没有轻重之分。冈田朝太郎直率地指出："现今之国家，非复昔日孤立之态，故凡事不可专赖己国之习惯历史，而置列国之风潮于不顾……各国之中，废止死刑者多矣，即不废而存置之，亦皆采用一种之执行方法。今中国欲改良刑法，而于死刑犹认斩绞二种，以抗世界之大势，使他日刑法告成，外人读此律见此条者，必仍目为野蛮，如是则于收回利权改正条约之事，生大阻碍也必矣！"冈田朝太郎认为中国传统观念中的斩重绞轻的观点是错误的，理由为身首异处的斩刑重仅是因为中国习惯的历史，并不合理。在当时中国的刑法中，关于杀人罪的规定，并没有因犯人用斩或绞的手段杀人而制定不同的处分，但国家处罚罪犯却有斩重绞轻的异同，这是非常矛盾的事情，所以冈田朝太郎率直而不客气地指出："此种矛盾之事，于蹈袭古风，毫无正理之制度，往往见之亦不可不察者也。"另外冈田朝太郎还指出中国斩绞的轻重，不求之于刑罚之性质，而求之于执行时期，立决重而秋后决轻，这也是非常不合理的规定。犯大罪之人明知死期将至，仍须苦闷等死。另外，因为这些死刑犯的存在还浪费了有限的监狱资源，因为他们不从事劳动，这是显而易见的不合理规定。有人提出"秋后决轻"是有一定道理的，因为秋后决可能会遇赦被减轻，这又是一种新的法律上的不公平，因为犯同样的罪却有可能有不同的刑罚。冈田朝太郎还指出大赦、特赦等本非帝王所可用以施恩之物，只是在必要的时候才可使用。在文章的最后，冈田朝太郎率直地指出"此次中国之改正刑法草案，其他部分均有进步，唯独关于死刑的规定仍固持旧习，致使人人注目。局外者如果以此作为问题，认为中国刑法尤存问题，那就太可惜了，从这一点上我们完全可以看出历史有时能使人犯错误。我既然担任修改刑律的任务，就应该精思熟虑，勇往直前，质之于学理，证之于实例，所以恕我直言，死刑当止一种"。①

---

① ［日］冈田朝太郎．死刑宜止一种论［A］．刘雨珍，孙雪梅编．日本政法考察记［M］．上海：上海古籍出版社，2002：193-195.

在《大清新刑律》草案中，冈田朝太郎对少年犯给予了较大的宽容，提倡对少年犯实施感化教育。关于年少者刑事责任年龄中的绝对无责任年龄问题，冈田朝太郎在草案的第 11 条中规定：凡未满十六岁之行为不为罪，但因其情节，得命以感化教育。①

从上可见，《大清新刑律》草案充分体现了近代刑法的三大原则，其中也充分体现了具有冈田朝太郎刑法观特色的部分内容。此外，冈田朝太郎关于因果关系的理论也充分体现在《大清新刑律》草案第 182 条放火罪和第 299 条杀人罪的相关规定中，对不作为犯的相关观点也体现在《大清新刑律》草案第 325 条和第 144 条中。② 冈田朝太郎还根据当时社会的发展潮流，还在《大清新刑律》草案中规定了一些新的罪名，例如妨害交通罪、妨害卫生罪、妨害安全信用名誉及秘密罪、妨害国交罪、堕胎罪等，这些罪名都体现了一些新的社会文明。另外，对伪证及诬告之罪、虐待被监管人罪、吸食鸦片罪、对关涉"刑"与"礼"关系的旧罪名规定等的重新定位，都引发了当时中国官员及法学者对这些问题的再度思考，其中备受争议的部分自然是关涉中国礼教的一些条文的取舍问题，例如关于"干名犯义""存留养亲""无夫奸"及"亲属相奸""子孙违反教令""子孙能否对尊长行使正当防卫权"和"故杀子孙"问题等。冈田朝太郎认为"子孙违犯教令"不应入刑律。关于"故杀子孙"，冈田朝太郎指出尊亲属应与凡人受同等处罚。针对"无夫奸"及"亲属相奸"，冈田朝太郎主张这是道德范畴的事，不应依靠刑法来解决。总而言之，冈田朝太郎认为刑律中不应贯穿中国的传统伦理或伦常，即"三纲五常"，但中国传统社会中的"三纲五常"和历来已久的刑

---

① 上海商务印书馆编译所编纂．大清新法令（1901—1911）点校本（第一卷）［M］．上海：商务印书馆，2010：473。关于年少者刑事责任年龄问题，将在本文的下一个章节详细讨论，在此不多赘言。

② 详细内容请参见刘晓冬．冈田朝太郎与中国刑法近代化［D］．天津商业大学硕士论文，2016：17-18。

律文化是相互交融的。① 冈田朝太郎所主导起草的《大清新刑律》草案中部分否定了中国传统的"三纲五常"观念，对和君臣关系相关的法条仍给予一定程度的保留，这引发国人重新审视自己的传统法律文化。关于"子孙违犯教令""故杀子孙""无夫奸"等问题，笔者将在本文的下一部分给予专门讨论。

以上种种可见，冈田朝太郎所主草的《大清新刑律》草案给当时中国的刑律发展带来了许多先进的新理论和制度，带来了中国刑法思想的革新，推动着中国刑律文化向前进步。

4. 修律过程中的冲突与限制

冈田朝太郎来华最重要的任务是帮助清政府起草《大清新刑律》草案，从 1906 年 10 月起一直到 1907 年 8 月上旬，经过十一个多月的努力，冈田朝太郎最终完成了《大清新刑律》草案的起草工作。② 完成后的草案在 1907 年由修订法律馆将其公布，目的是征询京师各官厅及京外督抚的意见。京师各官厅具体包括京师学部、礼部、度支部、邮传部、陆军部等，地方包括直隶、山东、山西、江苏、浙江、河南、湖南、湖北、两江、甘肃、云南、贵州、江西、热河、广东等地区。到 1909 年初，修订法律馆收集了来

---

① "三纲五常"可以总结为三大纲领性的社会关系(君臣关系、父子关系、夫妇关系)和五大基础性社会关系(长幼或尊卑关系、男女关系、官民关系、良贱关系、亲疏关系)。对这些关系的基本要求，就是中国传统伦理的最基本原则——"君为臣纲、父为子纲、夫为妻纲"，因此演绎出"长幼有别、男女有别、贵贱有别、官民有别、亲疏有别"。至于所谓"仁、义、礼、智、信"的"五常"，正是处理这"三纲五常"关系的基本信条。

② 据沈家本提供的信息是该刑律草案"易稿数四，前后编定总则十七章，分则三十六章，共三百八十七条。"详细内容请参见上海商务印书馆编译所编纂. 大清新法令(1901—1911)点校本(第一卷)[M]. 上海：商务印书馆，2010：457。另外据黄源盛提供的信息，该刑律草案是在冈田朝太郎的主导下完成的。具体内容请参考黄源盛纂辑. 晚清民国刑法史料辑注[M]. 台北：元照出版有限公司，2010：3.

自许多地方的签注①，这些签注对《大清新刑律》草案提出了一些意见。

根据高汉成收集整理的结果，共有 25 份签注，② 这些签注从各个角度对《大清新刑律》草案进行了评价。在分析这些签注之前，首先有一个重要的问题需要讨论，即签注的价值问题。笔者认为因部分签注完成者不懂现代法理而出现一系列的错误认识，签注中诸如此类的意见是无价值的。例如有签注提出罪刑法定在西方提出时主要针对的是封建擅断主义，着眼于保护人权，并非如草案所言，是为了防止审判官把己意加入法律裁判中；有签注认为草案总则中规定审判官可以按情节减轻刑法，分则各条中数等刑罚由审判官临时裁断实际上使不肖审判官有更大的恣意妄为的机会；有签注认为草案第 13 条中有自相矛盾的地方；③ 有签注提出草案认为行为人的认识错误分为法律错误和事实错误，所犯重于犯人所知或相等时从其所

① 据高汉成所述，他所研究的"大清刑律草案的签注"，是指修订法律馆上奏大清刑律草案后，按照立法程序，朝廷下宪政编查馆交各中央部院堂官、地方各省督抚、将军都统签注意见。从 1908 年到 1910 年，京内外各衙门陆续上奏对大清刑律草案的意见，这些意见被称为"签注"。一份完整的签注奏折应该包括对草案发表整体看法的原奏和所附的对草案总则和分则逐条发表意见的清单，即所谓的"签注原奏"和"签注清单"。参见 http：//www.iolaw.org.cn/showarticle.asp？id = 1574 中国法学网上登载的高汉成文章《大清刑律草案签注研究概述》。

② 这 25 份签注是：1. 学部签注（大学士、管理学部事务张之洞），2. 邮传部签注（邮传部尚书陈璧），3. 度支部签注（度支部尚书载泽），4. 陆军部签注（陆军部尚书铁良），5. 都察院签注（都御史张英麟），6. 直隶签注（头品顶戴、北洋大臣、直隶总督杨士骧），7. 两广签注（两广总督张人骏），8. 安徽签注（开缺安徽巡抚冯煦），9. 东三省签注（东三省总督徐世昌、署吉林巡抚陈昭常、署黑龙江巡抚周树模），10. 浙江签注（浙江巡抚增韫），11. 两江签注（两江总督端方、江苏巡抚陈启泰），12. 湖广签注（湖广总督陈夔龙），13. 山东签注（头品顶戴、山东巡抚袁树勋），14. 江西签注（江西巡抚冯汝骙），15. 山西签注（山西巡抚宝棻），16. 闽浙签注（闽浙总督松寿），17. 河南签注（河南巡抚、兼管河工事务吴重憙），18. 湖南签注（湖南巡抚岑春蓂），19. 云贵签注（云贵总督锡良），20. 广西签注（广西巡抚张鸣岐），21. 四川签注（四川总督赵尔巽），22. 贵州签注（贵州巡抚庞鸿书），23. 热河签注（热河都统廷杰），24. 甘肃新疆签注（新疆巡抚联魁），25. 陕西签注（陕西巡抚恩寿）。

③ 第 13 条的具体内容是：凡不出于故意之行为不为罪，但应以过失论者不在此限。上海商务印书馆编译所编纂. 大清新法令（1901—1911）点校本（第一卷）[M]. 上海：商务印书馆，2010：477.

知者处断、所犯轻于犯人所知时从其所犯者处断，这在刑法理论上是错误的，它在实际上造成了犯罪未遂或犯罪中止的不成立，使草案分则各章所规定的"本章之未遂罪罚之"成为空文；此外《大清新刑律》草案第15章规定了包括公诉时效、行刑时效在内的时效制度，这是一个全新的制度，有些签注表示对这一制度不能理解。讨论问题时，以上所述签注不是笔者研究的对象。下文将重点研究众多签注集中提出的具有代表性意见中的部分问题。

（1）关于罪刑法定主义原则

《大清新刑律》草案第1条规定："凡本律，自颁行以后之犯罪者适用之。若在颁行以前未经确定审判者，俱从本律处断。但颁行以前之律例不为罪者，不在此限。"[①]另第10条规定："凡律例无正条者，不论何种行为，不得为罪。"[②]这就意味着将罪刑法定主义原则正式确立在中国的刑法典中，同时意味着比附援引制度被删除。

罪刑法定主义原则被确立之后，还导致了一系列的变化，包括罪名叙述方式的改变即由原来的列举式变为概括式，一罪一刑的绝对确定性变成了一罪数刑的相对确定性，以及由此带来的法官自由裁量权的大幅度增大。

针对此，许多的签注都表示了反对，其中两广签注的意见最为全面。[③]其原文可解析为如下三点意见：第一，比附援引制度是"原以法制有限，情变无穷，无论如何详订科条，均不尽天下之情伪，故将设比附定拟之法，斯亦执简驭繁之道也"，"今以所犯之事为律例所未载者，即不得为罪，则法不足以禁奸，罪多可以幸免。"第二，比附援引制度在程序设置上

---

① 高汉成主编.《大清新刑律》立法资料汇编[M]. 北京：社会科学文献出版社，2013：24-25.

② 高汉成主编.《大清新刑律》立法资料汇编[M]. 北京：社会科学文献出版社，2013：32.

③ 高汉成. 签注视野下的大清刑律草案研究[M]. 北京：中国社会科学出版社，2007：232.

是较严格的，"倘竟删除此律，而于各刑酌定上下之限，凭审判官临时审定，不尤有轻重偏畸之弊乎"？第三，引律比附是司法行为而不是立法行为，草案中的"释文谓：比附类似之文致人于罚，则司法、立法混而为一，非立宪国所应有。不知无此法而定比例者，方为立法。若既有他律而比附定拟，则仍属司法，非立法也。如以比附为立法，则于本律酌量轻重者又与立法何异？类似之例不能援以罚人，而轻重之权独可操之问官，诚恐任意出入，将较比附为尤甚"①。

河南签注提出：凡律无正条不论何种行为不得为罪，范围既狭，疏纵必多，施诸中国决其不可。……东西各国，所以能正条之外概不处罚者，实向于文明程度与中国不同，且与刑法之外，有民法、商法、海陆军刑法、决斗条例、学堂规则诸类，凡正条所无而别设规则有刑名者，可从规则。……今中国民商诸法未备，将此387条之新律即欲包括一切，删除比附势所不能。② 此外，学部签注、江苏签注、湖南签注、江西签注等也提出了相类似的意见。

尽管众多签注提出意见，但修订法律馆、法部、宪政编查馆和资政院都未采纳，针对《大清新刑律》草案中的第1条，只是在措辞上略做调整，使法条内容显得更加精炼准确，《大清新刑律》第1条规定："本律于凡犯罪在本律颁行以后者，适用之。其颁行以前未经确定审判者，亦同。但颁行以前之法律不以为罪者，不在此限。"③针对《大清新刑律》草案中的第10条，将其中"凡律例无正条者"改成了"法律无正条者"，就形成了《大清新刑律》第10条规定："法律无正条者，不问何种行为，不为罪。"④

---

① 具体原文请参见高汉成主编.《大清新刑律》立法资料汇编[M]. 北京：社会科学文献出版社，2013：225-226.

② 高汉成主编.《大清新刑律》立法资料汇编[M]. 北京：社会科学文献出版社，2013：385.

③ 高汉成主编.《大清新刑律》立法资料汇编[M]. 北京：社会科学文献出版社，2013：718.

④ 高汉成主编.《大清新刑律》立法资料汇编[M]. 北京：社会科学文献出版社，2013：720.

（2）关于刑罚人道主义原则

关于刑罚人道主义原则，在《大清新刑律》草案中最重要的体现就是该草案的轻刑主义和感化教育倾向，对于少年犯罪，主张应以感化教育为主，将绝对无责任年龄定为16岁，主张实施缓刑和假释制度。众多签注鉴于中国当时的现状，竭力反对草案的轻刑主义和感化主义。但与此同时，《大清新刑律》草案中却删除了中国传统律例中对废疾、笃疾宥减的规定而加入了原本不宥减的聋哑人，并且对老人犯罪的宥减过严，这也引起了许多签注的质疑。

①关于年少者刑事责任年龄中的绝对无责任年龄问题

关于年少者刑事责任年龄中的绝对无责任年龄问题，冈田朝太郎在《大清新刑律》草案的第11条中规定：凡未满十六岁之行为不为罪，但因其情节，得命以感化教育。[①]

冈田朝太郎在该法条的立法理由中解释到：从来学者……谓年龄未及之人不能辨别是非，故无责任。其辨别心未充满者，应当减轻。……然此说至近年已为陈腐，盖犯罪如杀伤、贼盗之类，虽四五岁童稚，无不知其为恶事者。以是非善恶之知与不知而定责任年龄，不可谓非各国法制之失当也。夫刑者，乃出于不得已而为最后之制裁也。幼者可教而不可罚，以教育涵养其德性而化其恶习，使为善良之民，此明刑弼教之义也。凡教育之力所能动者，其年龄依各国学校及感化场之实验，以十六七岁之间为限。故本案舍辨别心之旧说，而以能受感化之年龄为主，用十六岁以下无责任之主义，诚世界中最进步之说也。[②] 从这里我们可以看出，冈田朝太郎认为规定刑事责任年龄标准的"辨别说"已经过时，中国刑律草案应采纳

---

① 上海商务印书馆编译所编纂．大清新法令（1901—1911）点校本（第一卷）［M］．上海：商务印书馆，2010：473.

② 上海商务印书馆编译所编纂．大清新法令（1901—1911）点校本（第一卷）［M］．上海：商务印书馆，2010：475-476.

世界上最先进的"感化主义"。

总而言之，冈田朝太郎认为未满 16 岁者，病在童惛，遽以刑罚药之，决不对症，不如以教育药之为得也。此事经各国多年经验，知 16 岁以下之恶癖，尚可用感化教育。感化之法分二种，一学校，一监狱。16 岁以下犯罪，宜置于学校以感化之，不宜置之监狱。①

因《大清律例》中关于年少者刑事责任年龄中的绝对无责任年龄的规定是 7 岁以下，所以该规定几乎引起了所有签注的强烈反对②，例如河南签注清单第十一条指出：猎取最新之学说，定十六岁以下无责任之主义，自以为世界中进步独高，窃所来未谙信。③

面对众多签注的质疑，《大清新刑律》草案不得不被修正。据冈田朝太郎《论中国之修正刑律草案》一文记载，关于刑事责任年龄，共经历过六次修正，具体情况如下："责任年龄，于第一案为 16 岁，第二案为 15 岁，第三案为 12 岁，第四案及第五案为 15 岁，第六案为 12 岁。"针对此，冈田朝太郎认为"第六案为复活第三案，而施不条理之修正者"。④ 可见，冈田朝太郎对修改结果还是很不满意的。

在众多签注的反对下，冈田朝太郎关于年少者刑事责任年龄中的绝对无责任年龄的最初的想法并未在大清刑律中得以实现，⑤《大清新刑律》第

---

① 汪庚年. 法学汇编·大清刑法总则[M]. 北京：京师法学编辑社，宣统 3 年 5 月 15 日：67.

② 高汉成. 签注视野下的大清刑律草案研究[M]. 北京：中国社会科学出版社，2007：240-241.

③ 高汉成主编.《大清新刑律》立法资料汇编[M]. 北京：社会科学文献出版社，2013：386.

④ 王健编. 西法东渐——外国人与中国法的近代变革[M]. 北京：中国政法大学出版社，2001：161.

⑤ 但笔者认为冈田朝太郎关于刑事责任年龄的主张还是对此后的中国法制产生了一定的影响。经过二十几年的发展，1935 年《中华民国新刑法》第 18 条将相关规定调整如下：对于少年犯罪，应以感化教育为主，将责任年龄改为 14 岁。

11 条规定：未满 12 岁人之行为，不为罪，但因其情节得施以感化教育。①

②关于缓刑、假释制度的问题

《大清新刑律》草案第 12 章和第 13 章分别规定了犹豫行刑（即为缓刑）和假出狱（即为假释）制度，针对这两个全新的制度规定，除了两江签注给予了明确的赞成，其他签注则有不同程度的异议。② 其中，安徽巡抚原奏中提出：犹豫行刑及假出狱两者，变通刑法之用，以情相感收效必多。然提法司未改、审判厅未立、巡警未能普及、监狱未能改良，亦必迟之数年始能实行。③ 湖广签注提出：似应以有期、无期分别许假出狱、不许假出狱，以示限制。其有期徒刑得许假出狱者，亦应参仿日律，不准擅离该管地方并严定监视官处分，庶免乘间脱逃或另行滋事。④ 此外，云贵、都察院签注认为犹豫行刑和假出狱对罪犯过于轻纵。

综合签注的疑义，大致有：a. 如何判断罪犯有悛悔实据；b. 假出狱管束规则具体内容不明；c. 假出狱应有司法官决定而无典狱官直达法部之

---

① 高汉成主编.《大清新刑律》立法资料汇编［M］. 北京：社会科学文献出版社，2013：720。纵观当时其他国家的刑法规定如下。1880 年日本旧刑法规定未满 12 岁之行为，为绝对无责任。1907 年日本新刑法将 12 岁改为 14 岁。挪威新刑法规定未满 14 岁，绝对无责任。英吉利、美国纽约规定的是未满 7 岁，墨西哥规定的是未满 9 岁，荷兰规定的是未满 10 岁，德国规定的是未满 12 岁。具体内容请参照汪庚年. 法学汇编·大清刑法总则［M］. 北京：京师法学编辑社，宣统 3 年 5 月 15 日：65-66。法兰西、比利时、里克萨勃儿这三个国家的刑法中并没有绝对无责任的相关规定，这三个国家对相对无责任年龄的规定都是 16 岁未满。具体内容请参照上海商务印书馆编译所编纂. 大清新法令（1901—1911）点校本（第一卷）［M］. 上海：商务印书馆，2010：475。分析以上资料，笔者发现当时任何一个国家都未采用过"16 岁"这一规定。就连法制较为发达的法国和德国也没有如此超前的规定。日本在其 1907 年新刑法中也只是规定为 14 岁。可见冈田朝太郎关于年少者刑事责任年龄的刑法思想及规定确实有过度超前的嫌疑。

② 高汉成. 签注视野下的大清刑律草案研究［M］. 北京：中国社会科学出版社，2007：244.

③ 高汉成主编.《大清新刑律》立法资料汇编［M］. 北京：社会科学文献出版社，2013：194.

④ 高汉成主编.《大清新刑律》立法资料汇编［M］. 北京：社会科学文献出版社，2013：357.

理；d. 无期徒刑不应假出狱；e. 犹豫行刑和假出狱不是罪犯的法定权利，是否可以享有此待遇均由司法官或典狱官决定，恐怕会导致徇私舞弊现象的出现。①

在《修正刑律草案（附案语）》中，首先在大方向上对缓刑②和暂释制度③给予充分的肯定，提出"安徽、云贵签注以为今日尚未采用缓刑制度之时，第新刑律之实行尚在数年之后，设此规定亦无不可"，"此等法制（指缓刑制度）皆泰西各国经验而来，杜罪恶之传播即所以免再犯之萌孽，中外同此一理，不宜诿谓于我国扞格难行也"，④"直隶签注谓人情欺诈百出，在狱之知悔与出狱之安分，审判官无从洞察。查暂释制度在司狱官昼夜留心监督囚人一举一动，察其情状，听法部指挥以决其可否，审判官不得干预之。且无不便于实行之处，东西各国之行皆著有成效，似无独不适于中国之理"⑤。针对部分签注中提出"由司法官或典狱官决定对罪犯适用暂释制度与否，恐怕会导致徇私舞弊现象的出现"的问题，法部和修订法律馆给予的回应是"若虑其贿嘱运动，此人之弊，非法之弊。此等弊端如不能杜绝，无论何种法律，皆属无益，不得专斤斤以此为虑也"⑥。显然此处法部和修订法律馆的意见显得偏激，理性的回应应该是：对此贿嘱行为，我们将进一步完善司法官或典狱官的相关管理规定，以有效防止该类贿嘱行为的发生或泛滥。但从此处也可以看出法部和修订法律馆坚决推行缓刑和暂释制度的决心。因此，对于这些签注的意见，修订法律馆、法部、宪政编查馆和资政院基本都未采纳，《大清新刑律》中也只是将《修正刑律草案

---

① 高汉成. 签注视野下的大清刑律草案研究［M］. 北京：中国社会科学出版社，2007：244.

② 在《修正刑律草案（附案语）》中"犹豫行刑"被改为"缓刑"。

③ 在《修正刑律草案（附案语）》中"假出狱"被改为"暂释"。

④ 高汉成主编.《大清新刑律》立法资料汇编［M］. 北京：社会科学文献出版社，2013：496.

⑤ 高汉成主编.《大清新刑律》立法资料汇编［M］. 北京：社会科学文献出版社，2013：497.

⑥ 高汉成主编.《大清新刑律》立法资料汇编［M］. 北京：社会科学文献出版社，2013：497.

(附案语)》中的"暂释"改称为"假释"而已。

③对聋哑者和老人宥减的问题

关于对聋哑者和老人宥减的问题,《大清新刑律》草案第50条规定:"凡聋哑者及满八十岁之犯罪者,得减本刑一等或二等。"①对此,许多官员批评草案删除了废疾、笃疾宥减的规定而加入了原本不宥减的聋哑人,并且对老人犯罪的宥减过严,这是外国刑律少有的严于中国刑律的地方。对此冈田朝太郎指出年老之人精神衰弱,经医家考验,知老人有一种老耄病,老耄二字,并非老人之形容词,介乎精神病与神经病之间,应以精神病者看待。故有老耄病者,各国刑法,亦认为不负责任,非因其老而无责任,实因其病而无责任也,应入精神障碍条。若老而无病者,固与普通人无异视也。冈田朝太郎认为对老人犯罪不应该给予特别宥恕,② 这一条规定违背我国传统的恤刑观念,遭到了众多签注的非议。

河南签注清单指出:现行老小废疾收赎,所以敬老慈幼、矜不成人也。然亦有所限制。流罪以下以七十及十五为限,死罪以九十及七岁为限,分别收赎开释;八十以上、十岁以下杀人应抵之罪,有司不能废法,照例定拟,宽宥之典出自朝廷,情法系为两全。本案第五十条规定老者年至八十始准减等,却较旧律为严。③

两广签注清单指出名例律载:"年七十以上,乃废疾者犯流罪以下,收赎;八十以上,及笃疾犯杀人应死者,议拟奏闻,取自上裁,盗及伤人者,亦收赎,余皆勿论;九十以上,虽有死罪不加刑。"所以悯恤年老、矜不成人之意也。律注:废疾,瞎一目、折一肢之类;笃疾,瞎两目,折两肢之类,而聋哑不与焉。今专言聋哑而不及瞎目、折肢,似于废疾、笃疾尚多缺略。且释文谓:有生而聋哑及因病或受伤而聋哑之别,则聋哑亦非

① 上海商务印书馆编译所编纂. 大清新法令(1901—1911)点校本(第一卷)[M].上海:商务印书馆,2010:502.

② 汪庚年. 法学汇编·大清刑法总则[M]. 北京:京师法学编辑社,宣统3年5月15日:67-68.

③ 高汉成主编.《大清新刑律》立法资料汇编[M]. 北京:社会科学文献出版社,2013:385-386.

必成疾。至年老专言八十而不及七十、九十，尚少等差，且减等不如收赎之优，视全免勿论者相去尤远。以笃疾、年老之人惩以劳役之事，其不能任受也可知。似不如仍从旧律，庶足昭法中之仁，而亦得轻重之制。①

《大清新刑律》第50条规定：暗哑人②或未满十六岁人或八十岁人犯罪者，得减本刑一等或二等。③《大清新刑律》草案中宥减的对象是聋哑者，而《大清新刑律》中宥减的对象是暗哑人，宥减的对象中删除了"聋者"，但对老人的宥减年龄和废疾、笃疾的处罚标准并没有变化。由此可见，签注的意见或多或少还是影响到了《大清新刑律》草案的修改，但并未对《大清新刑律》草案中的相关规定形成根本性的冲击。

（3）关于罪刑相适应原则

《大清新刑律》草案在处理罪刑相适应原则时，出现了不少问题，在此仅讨论其中部分典型问题。《大清新刑律》草案中对吸食鸦片罪、伪证及诬告之罪以及国交罪等的处罚原则和幅度，引起了诸多签注的争议。《大清新刑律》草案中针对不同犯罪形态而大量出现的罚金刑也成为了众多签注质疑的焦点。此外，关于共同犯罪的相关规定也备受质疑。

①关于第260条吸食鸦片罪

《大清新刑律》草案第260条规定凡吸食鸦片烟者，处五等有期徒刑、拘留或一千圆以下罚金，同时该草案第37条规定五等有期徒刑是指一年未满一月以上，拘留是指一月未满一日以上。④ 冈田朝太郎也意识到吸食鸦片烟，损伤身体，消磨志气，其害极大。此风一经传播，即令社会陷于疾

---

① 高汉成主编.《大清新刑律》立法资料汇编［M］.北京：社会科学文献出版社，2013：233.

② 暗哑的读音为 yīn yǎ，意思是哑巴、口不能言。

③ 高汉成主编.《大清新刑律》立法资料汇编［M］.北京：社会科学文献出版社，2013：725.

④ 上海商务印书馆编译所编纂.大清新法令(1901—1911)点校本(第一卷)［M］.上海：商务印书馆，2010：497.

病、痴呆之状态。①

对鸦片吸食者的处罚较轻，冈田朝太郎解释到关于鸦片烟之罪之害个人健康者，不过法理上之一端。而为害于社会、国家乃其特质，故本案以传播恶习为重，而以个人之行为为轻。② 刑法应重点处理"传播吸食鸦片恶习的人"，比如制造鸦片、贩卖鸦片及意图贩卖而持有者，纵容他人贩运的税关官吏及协助之人，开设馆舍、供人吸食鸦片烟以图利者等。③

针对第260条规定，安徽签注中指出：鸦片烟为民族消灭之一大毒害，如不严加禁令，非特与个人自治相妨碍，且于国家立宪前途大受影响。故日本诸法律皆参酌各国从轻规定，并有罚金以替代之，独吸食鸦片烟者则处二年以上、三年以下之重禁锢，从无罚金之条。中国人民习染已深，剪除非易，草案仅将吸食之人处五等有期徒刑、拘留或一千圆以下罚金，未免范围太廓，仍无以挽浩劫而拯生灵。应请删去罚金一层或酌量加重，改

① 上海商务印书馆编译所编纂. 大清新法令(1901—1911)点校本(第一卷)[M]. 上海：商务印书馆，2010：358.

② 上海商务印书馆编译所编纂. 大清新法令(1901—1911)点校本(第一卷)[M]. 上海：商务印书馆，2010：596-597.

③ 这个观点在1907年日本新刑法中也有相应体现。对比《大清新刑律》草案与1907年日本新刑法的规定，对制造或贩卖鸦片及意图贩卖而持有者、纵容他人贩运的税关官吏及协助之人、设馆供人吸食鸦片烟以图利者的处罚基本相同，但对吸食鸦片者的处罚却大不相同。1881年日本旧刑法第241条规定吸食阿片烟者，处二年以上三年以下之重禁锢([日]牧野英一. 日本刑法通义[M]. 陈承泽，译. 北京：中国政法大学出版社，2003：280)。当时的重禁锢是指留置禁锢场并服劳役。1907年日本新刑法第139条的内容是吸食鸦片烟的，处三年以下惩役([日]牧野英一. 日本刑法通义[M]. 陈承泽，译. 北京：中国政法大学出版社，2003：347)。1907年日本新刑法第20条指出，惩役是拘禁在监狱内服一定劳役([日]牧野英一. 日本刑法通义[M]. 陈承泽，译. 北京：中国政法大学出版社，2003：316)。综合以上信息可知，《大清新刑律》草案中规定凡吸食鸦片烟者，处一年未满一月以上的有期徒刑、拘留或一千圆以下罚金。而1881年日本旧刑法的规定是处二年以上三年以下之重禁锢，1907年日本新刑法第139条的规定是处三年以下惩役。当时中国社会的鸦片危害比日本严重得多，对吸食鸦片烟者，中国草案却制定了比1907年日本新刑法更为轻的处罚，这让人觉得草案的轻刑主义有点匪夷所思。如果对所有的犯罪都奉行"轻刑主义"，那倒也无可厚非，草案中对国交罪、危害皇室等却给予重刑处罚，这说明《大清新刑律》草案在罪刑相适应原则上存在问题。

为四等以下有期徒刑，以收实行禁烟之效果。①

两江签注中指出：鸦片烟在未经弛禁之先，无论官民均不准吸食。嗣虽洋药开禁，仍有官员及兵丁吸食洋药，俱以绞监候之例。奈视法令如弁髦，官衙营弁蹈此者尤伙，群然不以为怪，数十年来积习沉疴几至无可收拾。今奉明诏，禁烟章程固甚严切，然仍不免阳奉阴违之弊。本条所定吸食鸦片烟者，处五等有期徒刑、拘留或一千圆以下罚金，施之平民已属近宽，而官员、兵弁并无声明加严之文，似嫌疏略，可否将平民人吸食鸦片烟者，改为处三等以下有期徒刑或一千圆以下罚金，其在官及学校中人有犯者，加一等处断。官员及兵丁有犯者，处无期徒刑，似较平允，请再厘订。② 此外，两广签注清单中也提出了和两江签注清单相似的意见，即官员、兵丁吸食鸦片须较常人从重处罚。③

针对以上签注的意见，《修正刑律草案（附案语）》第271条的案语中回复到：此条各省签注，安徽拟改五等为四等并去罚金一层，不知此风之难于杜绝，不在用刑之过轻而在举发之不严、惩治之不公。苟能认真举发，秉公惩治，此条所定之刑，不患其不能奏效。至于罚金一层本为易刑之用，尤不宜去，使沾染嗜好者，一律予以监禁，则监狱将尽化为病院矣。罚金额之所以较巨，则因有此嗜好者，富人居其多数故也。两江、两广谓本罪之刑应严于官弁、宽于平民。夫现行禁烟条例之所以重罚官弁而轻责平民，盖以官弁为平民表率，惩此即以警彼之意，于目前情形固属斟酌尽善，然以此罪之本质而论，受其害者实为社会、国家，官民之间不宜显分等差。本律将垂为永久之法，用意自与现行章程微有不同。④

① 高汉成主编.《大清新刑律》立法资料汇编[M]. 北京：社会科学文献出版社，2013：282-283.

② 高汉成主编.《大清新刑律》立法资料汇编[M]. 北京：社会科学文献出版社，2013：331.

③ 详细内容请参见高汉成主编.《大清新刑律》立法资料汇编[M]. 北京：社会科学文献出版社，2013：259.

④ 高汉成主编.《大清新刑律》立法资料汇编[M]. 北京：社会科学文献出版社，2013：550.

最终的《大清新刑律》第 271 条的内容与《大清新刑律》草案的第 260 条内容相比，只是将原草案中的"拘留"改成了"拘役"，① 对其他"传播吸食鸦片恶习的人"，比如制造鸦片、贩卖鸦片及意图贩卖而持有者，纵容他人贩运的税关官吏及协助之人，开设馆舍、供人吸食鸦片烟以图利者等，在原有处罚的基础上增加了数额不等的罚金。② 由此可见，签注中的意见并未被完全接纳，最终的《大清新刑律》只是在细节部分略微体现了签注的意见。

②关于第 178-181 条伪证及诬告之罪

《大清新刑律》草案第十二章对"伪证及诬告之罪"进行了规定，在立法理由中，冈田朝太郎指出关于伪证与诬告之罪的性质的认识可分为二种。一种观点认为伪证与诬告之罪是直接对于原告、被告之罪，有民事、刑事之别，其中刑事又分为曲庇被告、陷害被告两种；如果陷害已成，被告所受刑罚之轻重将决定犯人刑罚之等差，即我国传统法律文化所主张的诬告反坐制度。另一种观点认为伪证与诬告之罪是公民对于公署询问违背真实陈述义务之罪。因此，公民对公署为伪证或诬告，可处相同处罚。具体处罚的轻重，由审判官根据情节而定。③

冈田朝太郎认为第一种观点是错误的，主要原因如下：首先，审判及行政处罚是由法官或行政官所定，而不是依据证人直接定出的，因此依据

① 具体法条请参见高汉成主编.《大清新刑律》立法资料汇编［M］. 北京：社会科学文献出版社，2013：第 754 页中的第 271 条。此外，该书的第 724 页的第 37 条介绍了主刑的种类。《大清新刑律》草案中的五等有期徒刑是指一年未满一月以上，拘留是指一月未满一日以上。而《大清新刑律》中的五等有期徒刑是指一年未满二月以上，拘役是指二月未满一日以上。从这个意义上来讲，《大清新刑律》略微加重了对吸食鸦片者的处罚，但这种加重是因为整个刑法体系中主刑的刑期的变化而导致的，并非是编纂者有意识地提高处罚力度而形成的。

② 高汉成主编.《大清新刑律》立法资料汇编［M］. 北京：社会科学文献出版社，2013：第 753-754 页中的第 266-275 条是 1911 年 1 月 25 日颁布的《大清新刑律》中的条文，第 131-132 页中的第 256 条-264 条是 1907 年完成的《大清新刑律》草案中的条文。

③ 上海商务印书馆编译所编纂. 大清新法令（1901—1911）点校本（第一卷）［M］. 上海：商务印书馆，2010：560.

证人直接定处罚的轻重，这是错误的。其次，司法官与行政官负有辨别证人证言真伪的义务，而并不是完全依靠证人证言决定处罚。即使误用了证人证言，也不应由证人承担所有的责任。从上可知冈田朝太郎认为伪证及诬告之罪是公民对公署询问违背陈述真实义务之罪，因此伪证罪和诬告罪是可以同等处罚的。① 于是草案第 178 条规定凡因律例于司法或行政之公署为证人，而为虚伪之陈述者，处二等至四等有期徒刑。第 179 条规定凡欲使人受刑事或惩戒处分而为虚伪之告诉、告发或报告者，处二等至四等有期徒刑。② 但若从我国传统法律文化来看以上两条规定，就有不合理的地方。因为我国刑律向来认为伪证与诬告之罪是直接对于原告、被告之罪，承认诬告反坐制度，并没有赋予行政机关过多的义务。

因此针对这一规定，众多签注提出了反对意见。安徽签注清单中提出：按伪证及诬告之罪，其性质分为二种……参看各国刑法，准以中国人民程度，似乎第二种尚不如第一种施行之为合宜。何以言之？盖证人者，为诉讼时所不可缺，中国罪凭供定，外国罪凭证定，今中国既废刑讯，亦不能不借助于证人以补裁判官耳目之所不及。虽判断之权仍操自上，原非证人所能直接而自定之，但情伪万端，以有限之司法机关审理无限之司法事务，欲其纤毫无误，势必不能。况中国民情，习于刁诈，往往假公事以泄私忿，或串通证人搭作讹诈，或凭虚构造陷害善良，弊端百出，防不胜防，稍不留神便坠其术中而不觉，谚所谓：无诳不成状者是也。若如本条所定悬此同一之刑，重则处二等至四等有期徒刑，轻则拘留、罚金，一任审判官临时按情节而定，彼素惯刁讼者，将谓诬人之死罪亦不过受此感化主义之自由刑，逾数年即可释出，而益逞其夸张之术，无所不为，流弊将无纪极，似不如采取第一种主义，定为曲庇被告、陷害被告，即以所诬罪之轻重为差等，如被诬人死罪已决者即反坐以死，未决者处以无期徒刑或

---

① 朱勇．中国法律的艰辛历程[M]．哈尔滨：黑龙江人民出版社，2003：335-336.

② 上海商务印书馆编译所编纂．大清新法令（1901—1911）点校本（第一卷）[M]．上海：商务印书馆，2010：560-562.

一等有期徒刑，庶于中国民情习惯较为适宜，而于各国及日本刑法亦不相剌缪，尚宜复加审度，斟酌处适，重行厘订，方可推行无阻。①

此外，还有两江、闽浙等签注也对草案第178-181条关于伪证及诬告之罪的规定提出质疑，认为我国传统律典中诬告反坐制度是合理的。但最终的《大清新刑律》中仍然坚持按犯罪性质定罪量刑，反对诬告反坐制度，原草案中的相关法条在这一方面并没有发生实质性的变化。②

③关于第110—112条国交罪

《大清新刑律》草案第二编第三章对国交罪进行了规定。其中第110条规定：凡以侮辱外国为宗旨，损坏、除去、污秽外国之国旗及其余国章者，处四等以下有期徒刑、拘留或三百圆以下罚金。第111条规定：凡滥用红十字记号作为商标者，处三百圆以下罚金。第112条规定：为凡中国臣民聚众以暴力潜窃外国领域者，照下例处断：一、首魁，无期或一等有期徒刑。二、执重要之事务者，二等或三等有期徒刑。三、余人，三等以下有期徒刑或一千圆以下、一百圆以上罚金。③

针对此，冈田朝太郎自信地认为"中国草案，将国交罪列为一章，有详细之规定，实为世界最文明之刑法也"。④ 其中将滥用红十字记号为商标的行为写入刑律也是首创，并且冈田朝太郎对自己的首创非常自信，相信在不久的将来，各国刑法中都将会有关于滥用红十字记号的规定。

冈田朝太郎对将滥用红十字记号为商标的行为写入刑律的规定为何如

① 高汉成主编.《大清新刑律》立法资料汇编［M］. 北京：社会科学文献出版社，2013：280.

② 1911年的《钦命大清刑律》中将被诬告的对象区分为一般人和尊亲属。其中第182条规定：意图他人受刑事处分、惩戒处分而为虚伪之告诉、告发、报告者，处二等至四等有期徒刑。第183条规定：意图尊亲属受刑事处分、惩戒处分而为虚伪之告诉、告发、报告者，处一等或二等有期徒刑。高汉成主编.《大清新刑律》立法资料汇编［M］. 北京：社会科学文献出版社，2013：742.

③ 上海商务印书馆编译所编纂. 大清新法令(1901—1911)点校本(第一卷)［M］. 上海：商务印书馆，2010：532.

④ 汪庚年. 法学汇编·大清刑法分则［M］. 北京：京师法学编辑社，宣统3年5月15日：17.

此自信？根据笔者考证，冈田朝太郎的想法有可能源自 1906 年 6 月 11 日
召开的红十字条约万国会议。在会议上，有代表提出对《红十字条约》第 27
条关于滥用红十字作为商标进行商业盈利行为的规定进行修改，同时建议
在刑法中给予配套规定，① 也许冈田朝太郎就把这一最新动向写入了我国
刑律草案。

众多签注对此提出了异议，认为侮辱外国旗章定罪应以外国代表所揭
者为限，滥用红十字记号作为商标不应入刑律，中国臣民聚众以暴力潜窃
外国领域不应入律定罪。② 其中，陆军部签注和两江签注的意见最为典型。

针对《大清新刑律》草案第 110 条，陆军部签注中指出侮辱及污秽外国
之国旗，此为侮辱名誉罪，与第三十一章侮辱人之名誉罪相同，所不同者
一系国家，一系个人。似本条应添国旗章，以堪为国家代表者所揭之旗章
为限，并须外国政府请求然后论罪。该签注中还举出两个实例来佐证自己
的观点，其一为"日本刑法一百零九条关国交罪，以侮辱外国为目的者处
末刑，但须待外国政府之请求而后论罪"，其二为"国际公法上论侮辱国旗
以堪为国家代表者，即公使馆、领事馆、军舰等为限"。③

针对陆军部签注的意见，《修正刑律草案（附案语）》中回应到：陆军部
签注谓本条国旗、国章应以国家代表所揭者为限，并须外国请求然后论
罪。查各国风俗，对国旗及国章均拘特别之敬意，即系私人所揭之旗章，
苟加以侮辱行为，往往起其国民之愤牵动外交，故本条不加制限。至国际
公法所认为代表国家之旗章诚有一定制限，系为施行礼式等之便宜赴见，

---

① ［日］日本外务省编纂. 日本外交文書第 39 卷第 1 册（明治三十九年一月—十
二月）［M］. 日本：日本国际联合协会，1959：550.

② 高汉成. 签注视野下的大清刑律草案研究［M］. 北京：中国社会科学出版社，
2007：190.

③ 高汉成主编.《大清新刑律》立法资料汇编［M］. 北京：社会科学文献出版社，
2013：427-428.

本条规定乃为豫防牵动外交而设，彼此各有取义，无庸强同也。①

针对《大清新刑律》草案第 111 条，两江签注中指出：滥用红十字记号作为商标处以罚金，此条似应列诸商标律。罚金之数亦尚须妥为酌定，请再厘定。②

针对两江签注的意见，《修正刑律草案(附案语)》中回应到：查本条之罪，系属有碍国交，其性质与商业行为不同，不得移入商律。至罚金之数应如何厘订，签注未经明言，不知其意所在，应无庸议。③

针对《大清新刑律》草案第 112 条，陆军部签注中指出：凡中国臣民潜窃外国领域者云云，此条为吾国现行刑律所无，亦为各国刑律所不载。考各国现行刑律，纯以属地主义为准，不同内外国人在所在国犯罪即受治于所在国之法律，故中国法律无论改订与否，不能实施于外国之领土，实可断言。既不能如欧美、日本行领事裁判权于外国，则本条有同虚设，且恐适招外交上之诘责，似宜删除。签注中还举出一个实例来佐证自己的观点：英人以东方公司墟印度，即得印度然后归诸英国。国家虽非暴力，其为潜窃外国领域无疑，固无人从而罪之也。

针对陆军部签注的意见，《修正刑律草案(附案语)》中回应到：查关于国交之罪名，系属最近发达之理，不能纯以中外成例为言。至谓各国现行刑律纯用属地主义，则殊不然。今东西各国对于国外犯罪常有因其所犯之性质适用己国法律之例，原案亦采用其义。④

让人觉得不可思议的是，法部、修订法律馆不仅没有采纳众多签注的

---

① 高汉成主编.《大清新刑律》立法资料汇编[M]. 北京：社会科学文献出版社，2013：510-511。法部、修订法律馆的回应让人觉得其关于外交的观点有点谨慎过度甚至可以说是迂腐，不符合当时世界法律发展的潮流。

② 高汉成主编.《大清新刑律》立法资料汇编[M]. 北京：社会科学文献出版社，2013：308.

③ 高汉成主编.《大清新刑律》立法资料汇编[M]. 北京：社会科学文献出版社，2013：308.

④ 高汉成主编.《大清新刑律》立法资料汇编[M]. 北京：社会科学文献出版社，2013：511.

意见，还将第三章关于国交之罪的内容由原来的 13 条扩充成 19 条，其中最明显的变化是增添了第 109 条至第 112 条关于危害外国皇族的相关处罚规定。①

《修正刑律草案(附案语)》中关于国交罪的规定，后又经过四次修改。因为国交罪的规定事关外交重大事宜，所以宪政编查馆和资政院经过再三斟酌，最终还是充分吸收了众多签注的意见。《大清新刑律》中删除了原草案中的第 111 条和第 112 条的相关规定，保留了原草案第 110 条的规定，并接受部分签注的意见，在第 132 条添加"第一百二十条及第一百二十六条②之罪，须外国政府请求或得其同意，乃论"的内容。③

④关于罚金刑的问题

《大清新刑律》草案第七章中规定死刑、徒刑、拘留和罚金是主刑，褫夺公权及没收是从刑。传统的中国法制观念认为罚金是不能成为主刑、而且只是针对轻微犯罪的，自由刑是针对严重犯罪的，所以一般认为自由刑是不能随便和罚金易科的。此外，草案中大量出现的罚金刑也是众多签注反对的焦点。对此，冈田朝太郎指出传统的中国观念中认为罚金只可施于轻微之犯罪的观点是错误的。他认为罚金和自由刑，一则失财产上之利益，一则负身体上之劳动。两种科罚，各有长处，宜视犯罪之性质，而定其适用之孰宜。得财者，宜处罚金。破廉耻者，宜处自由刑。④ 且监狱内

---

① 高汉成主编.《大清新刑律》立法资料汇编［M］. 北京：社会科学文献出版社，2013：508-512.

② 1907 年完成的《大清新刑律》草案中的第 110 条的相关内容，在宣统二年十二月二十五日(1911 年 1 月 25 日)颁布的《大清新刑律》中被调整到了第 126 条。

③ 高汉成主编.《大清新刑律》立法资料汇编［M］. 北京：社会科学文献出版社，2013：734-736.

④ 笔者认为冈田朝太郎的观点是不合理的，刑法中的许多非法获得财产的行为本身既是得财行为，也是破廉耻行为。冈田朝太郎的区分标准是一个不科学的标准，这样的模糊标准也为法官的任意裁断打开了方便之门。另外，冈田朝太郎积极倡导罚金刑，这很有可能会导致金钱可以赎罪、富人横行天下的不公平现象的普遍出现。

之人数过多，易受不良之习染，如可以罚金了事，即以罚金为宜。①

《大清新刑律》草案还在总则部分规定了罚金的最低额为银一钱，在分则部分规定了罚金的最高额是三千圆。② 认为最低额和最高额的差距过大，而且最高金额过大。冈田朝太郎解释到罚金刑之所以有如此大跨度的规定，是因为穷人和富人的支付能力是不同的，审判官应根据各人的经济情况来决定罚金的多少。③

另外《大清新刑律》草案第43条规定："凡受五等有期徒刑，或拘留之宣告者，其执行上实有窒碍时，得以一日折算一元，易以罚金。"④这给自由刑和罚金刑的易科打开了方便之门。

针对《大清新刑律》草案中的罚金刑，河南巡抚原奏指出：罚金不合定为主刑也。现行律例于收赎诸条，大率施之于情节较轻及应受笞、杖人犯，其常赦所不原者，概不准收赎。草案于罚金一项，定为主刑。凡因过

---

① 汪庚年. 法学汇编·大清刑法总则[M]. 北京：京师法学编辑社，宣统3年5月15日：231-232.

② 上海商务印书馆编译所编纂. 大清新法令（1901—1911）点校本（第一卷）[M]. 上海：商务印书馆，2010：492-497.

③ 参照1881年日本旧刑法和1907年日本新刑法中的具体法条可见当时日本关于罚金的相关规定和变化过程。从1881年日本旧刑法第7条和第8条的规定来看，当时的日本刑法关于罚金的规定主要体现在以下两个方面：第一，将罚金仅作为轻罪的主刑，不能成为重罪的主刑。第二，罚金可以作为附加刑（具体法条请参见[日]牧野英一. 日本刑法通义[M]. 陈承泽，译. 北京：中国政法大学出版社，2003：249-250）。在1907年的日本新刑法中，罚金成为主刑。但这时的刑法体系中，刑罚不再区分重罪和轻罪（具体法条请参见[日]牧野英一. 日本刑法通义[M]. 陈承泽，译. 北京：中国政法大学出版社，2003：315）。表面上看来，罚金似乎可以得到更大范围的应用。但笔者发现，虽然罚金成为主刑，但并不意味着罚金一定会有更广泛的使用。1907年的日本新刑法第18条规定"不能缴清罚金的人，应在一日以上二年以下的期间内，扣留于劳役场……"整个刑法文本中，只见罚金可以易科自由刑的条文，并没有发现自由刑可以和罚金易科的条文（具体法条请参见[日]牧野英一. 日本刑法通义[M]. 陈承泽，译. 北京：中国政法大学出版社，2003：317）。由上可见，冈田朝太郎为了标新立异而不顾中国法制现状，在草案中盲目将罚金作为主刑，甚至独创了罚金刑可以和自由刑相互易科的先例。

④ 汪庚年. 法学汇编·大清刑法总则[M]. 北京：京师法学编辑社，宣统3年5月15日：231.

失致危害乘舆车驾，及因过失致尊亲属于死或笃疾者，按照律例俱在不原之列，悉以罚金科之，既失之宽。而于俱发罪之执行，刑期有以罚金与拘留、徒刑并科者，又失之严。如四十三条之例，受五等有期徒刑及拘留，得以一日折算一圆，易以罚金，刑既可以易金。四十五条之第二项，罚金确定后，无资力完纳者，以一日折算半圆，易以监禁，金又可以易刑。是使豪于财者玩于法，绌于赀者罹于刑，止奸不足，长恶有余。且监禁日数不得逾三年，罚金定额多至三千圆，以半圆折一日计算，三千圆之罚应处六千日之监禁，乃以不过三年为限，负罚愈巨，处分愈轻，尤非情法之平。急应更定刑名，改正条例，以免畸轻畸重之弊。①

关于罚金刑，除了河南巡抚原奏提出异议，还有学部签注、两广签注针对草案第37条、闽浙签注、四川签注针对草案第43条和第45条、湖南签注清单针对草案第45条和第310条、山西签注针对草案第43条、邮传部签注针对草案第284条提出异议。众多签注的问题主要集中在罚金定为主刑问题、罚金易刑问题、罚金单位和等级问题、罚金适用的过轻与过重问题、罚金与赔偿金的关系问题等。②

纵然有许多签注表示质疑，《大清新刑律》第37条中依然规定罚金为主刑之一，第44条规定：受五等有期徒刑或拘役之宣告者，其执行实有窒碍，得以一日折算一元，易以罚金。依前项之例易罚金者，于法律以受徒刑或拘役之执行者论。第45条规定：罚金于审判确定后，令一月以内完纳。逾期不完纳者，依左例处断：第一、有资力者，强制令完纳之；第二、无资力者，以一元折算一日，易以监禁……监禁日数不得逾三年……③由此可见，关于罚金刑的签注的主要意见并未被吸纳到《大清新刑律》中，只是在不影响草案整体框架结构的基础之上，在一些地方进行了

<hr>

① 高汉成主编.《大清新刑律》立法资料汇编［M］. 北京：社会科学文献出版社，2013：212.

② 详细内容请参见高汉成. 签注视野下的大清刑律草案研究［M］. 北京：中国社会科学出版社，2007：265-278.

③ 高汉成主编.《大清新刑律》立法资料汇编［M］. 北京：社会科学文献出版社，2013：724-725.

细微的调整。例如将原草案第 45 条第二项半元改为一元，这样草案第 43 条徒刑易为罚金与第 45 条罚金易为徒刑的规定就得到了统一。

⑤关于共同犯罪的问题

关于共同犯罪的问题，《大清新刑律》草案第 29 条至第 36 条对共同犯罪进行了规定。针对共同犯罪，《大清新刑律》草案采用了行为共同说，① 即认为凡二人以上共同实施犯罪之行为人都是正犯，凡于实施犯罪之行为之前帮助正犯者为从犯。②

《大清新刑律》草案第 34、35 条是关于共犯之故意③、共犯之过失④的规定，这两个法条规定是冈田朝太郎独创的新观点。⑤

关于共犯之故意，冈田朝太郎指出：一方共犯之有无，为刑法最有力

---

① 关于共同犯罪，有犯罪共同说和行为共同说之分。犯罪共同说认为，共同正犯是指数人共同进行的特定犯罪。共同行为人在主观上必须有共同的故意，在客观上共同行为人所实施的行为必须符合特定的一个犯罪构成要件，才能成立共犯。因此，两个以上的过失行为或者两个以上的故意行为与过失行为，都不是共犯。行为共同说认为，所谓共犯并不是数人实施一个犯罪，而是数人由共同的行为来完成各自的犯罪意图。只要行为人在主观上有共同行为的意思(不必是共同故意)，客观上的行为是共同进行的(不必属于同一个特定的构成要件)，就可以成立共犯。因此，两个以上的过失犯，或者过失与故意犯，都可以成立共犯。我国目前不承认行为共同说。具体内容请参照高汉成. 签注视野下的大清刑律草案研究[M]. 北京：中国社会科学出版社，2007：257-258.

② 具体内容请参照上海商务印书馆编译所编纂. 大清新法令(1901—1911)点校本(第一卷)[M]. 上海：商务印书馆，2010：第 490 页的第二十九条规定：凡二人以上共同实施犯罪之行为者，皆为正犯，各科其刑。加功于实施犯罪之行为中者，准正犯。第三十条规定：凡教唆他人实施犯罪之行为者，为造意犯，照正犯之例断。教唆造意犯者，准造意犯。第三十一条规定：凡于实施犯罪之行为之前帮助正犯者，为从犯，其造意犯亦同。

③ 具体内容请参照上海商务印书馆编译所编纂. 大清新法令(1901—1911)点校本(第一卷)[M]. 上海：商务印书馆，2010：第 491 页的第三十四条规定：凡知情共同者，本犯虽或不知共同之情事，仍以共犯论。但于分则有特别规定者，不在此限。

④ 具体内容请参照上海商务印书馆编译所编纂. 大清新法令(1901—1911)点校本(第一卷)[M]. 上海：商务印书馆，2010：第 492 页的第三十五条规定：凡关于过失犯，有共同过失者，以共犯论。

⑤ 这与 1907 年日本新刑法的规定也是不同的。

之问题。例如甲谋侵入乙室，以杀乙，丙虽未与甲通谋，而心颇赞成之，乃自户外锁扉，防乙脱走。甲并不知丙为之助，然竟以杀乙，丙应属共犯与否，各国学说及判决例，皆无定论。以情理论，丙应加以处罚。故刑草三四条的"凡知情共同者，本犯虽或不知共同之情事，仍以共犯论"的规定，可免一切疑问，外国刑法，无此明文，实为缺点"。①

关于共犯之过失，冈田朝太郎举例说明。二人看守房屋，因不注意而失火。又或二人守护堤防，因不注意而溢水，应照过失失火、过失失水之共犯处分是也。② 另例如甲杀乙，伤而未死，丙医其创，误用毒药，致乙于死，是以过失助成其结果。甲为故意杀人，丙为过失杀人，应照共犯处断。③

细看《大清新刑律》草案中的关于共犯之过失的规定，笔者发现即不管是故意犯罪和过失犯罪，还是过失犯罪与过失犯罪，只要共同导致了某一犯罪结果的发生，均构成共同犯罪。甚至因身份成立之罪，其参与者有时虽无身份，也以共犯论。④ 因此，部分签注对此提出了质疑。

针对《大清新刑律》草案第29条、第30条、第31条，两广签注清单指出：共犯罪分首从，乃定律也，除律内载明本条言皆罪无首从者毋庸议论外，其余无不依首从之法。从犯固减正犯罪一等，而亦有不及一等者。如谋杀人造意者斩，从而加功者绞是也。惟同属死罪，仍有斩、绞之分，

① ［日］冈田朝太郎（口述）．刑法总则［M］．熊元翰，编，张勇虹，点校．上海：上海人民出版社，2013：163．

② ［日］冈田朝太郎（口述）．刑法总则［M］．熊元翰，编，张勇虹，点校．上海：上海人民出版社，2013：163．

③ ［日］冈田朝太郎（口述）．刑法总则［M］．熊元翰，编，张勇虹，点校．上海：上海人民出版社，2013：164．

④ 具体内容请参照上海商务印书馆编译所编纂．大清新法令（1901—1911）点校本（第一卷）［M］．上海：商务印书馆，2010：第491页的第三十三条规定：凡因身份成立之罪，其加功者虽无身份，仍以共犯论。因身份致罪有轻重时，其无身者以通常之罪论。关于前半项，冈田朝太郎举例说明：常人教唆吏员收受贿赂，其教唆与吏员处分相同。关于后半项，冈田朝太郎举例说明：常人与吏员共同探听被选举人姓名，则对于常人援用第一百六十一条第一项，对于吏员援用本条第二项之类。

今以同行加功者均为正犯，是首从无别矣。至造意之犯，本以为首论，教唆人犯法，亦与犯法之人同罪，现所列第三十条尚与定律无甚悬殊。惟以实施犯罪以前帮助正犯者始为从犯，是则同谋未行者方论从罪，随从已行者皆不得谓之为从，似于律义未尽符合。①

针对《大清新刑律》草案第33条，两广签注清单指出：有禄人与无禄人共犯，本有区别，如官吏受财计赃科断，无禄人减一等。今第一项释文谓：如常人教唆吏员受贿，其教唆与吏员处分相同，是又教诱人犯法与犯人同罪之义，而非在附从共犯之列矣。②

此外，两江、云贵等省的签注也认为正犯、从犯的规定不妥。③ 但从《大清新刑律》第六章第29条至第36条的规定来看，签注的意见并未被采纳。④ 由此可见，冈田朝太郎关于共犯的刑法思想在《大清新刑律》中得以完整的保留。

（4）关于立法语言

关于《大清新刑律》草案的立法语言，众多签注也提出了强烈的反对意见，例如江苏、都察院、两广、陕西、江西、闽浙、贵州、安徽签注等，签注普遍认为应该尽可能使用中文自有词汇和语法模式，而不应该完全抄袭日本文辞。

其中江苏签注明确提出："采用日本名词，骤见之虽觉新异，细按之尚属简赅，惟语句艰涩、颇多费解，未必知愚共晓。虽中律亦有非注不明

---

① 高汉成主编.《大清新刑律》立法资料汇编［M］. 北京：社会科学文献出版社，2013：230.

② 高汉成主编.《大清新刑律》立法资料汇编［M］. 北京：社会科学文献出版社，2013：230.

③ 高汉成. 签注视野下的大清刑律草案研究［M］. 北京：中国社会科学出版社，2007：256-257.

④ 高汉成主编.《大清新刑律》立法资料汇编［M］. 北京：社会科学文献出版社，2013：723.

者，而草案实为尤甚，此非名词稍新之足病，实文义太晦而难明也。"①

都察院奏折的意见则站在更高的角度来看立法语言的问题，其提出："参用洋律仍宜以中文达之，不必袭用外洋文法也。列邦之保存国粹不遗余力，日令朝鲜习学日语，德在胶州设立德文大学，人不惜以全力扩张其国文、国语之势力。我独于明刑弼教之大典，抛弃国文而效法东洋，不但外人所窃笑，即反而自思亦于心不安、于理不顺。……今草案文义多晦涩难解之处，若悬为禁令，不惟乡愚不能领会，即素习中文者亦苦于索解之难。万一引用之时或致误会，则所系更非浅鲜。"②

针对众多签注所提出的立法语言的问题，修订法律馆、法部和宪政编查馆给予了一定程度的重视。从《大清新刑律》草案到《修正刑律草案（附案语）》，再到《大清新刑律》，在遣词和组句模式方面，都有一定的改进，使得草案的立法语言更符合中文的表达习惯，显得更加简练。其中最显著的地方就是将第12章的"犹豫行刑"改为"缓刑"，第13章的"假出狱"改为"假释"。其余如《大清新刑律》草案第9条的内容原来为"本律总则，于他项律例之定有刑名者可适用之。但他项律例有特别规定时，不在此限"，在《大清新刑律》中被修改成"本律总则于其他法令之定有刑名者，亦适用之。但有特别规定者，不在此限"，可见最终定稿的文字显得简洁明了。《大清新刑律》草案第15条"逾防卫程度之行为，得减本刑一等至三等"被改成"防卫行为过当者，得减本刑一等至三等"。《大清新刑律》草案第16条"但加过度之害时，得减本刑一等至三等"被改成"但加过当之损害者，得减本刑一等至三等"。《大清新刑律》草案第26条中的"从其最重之一罪论"被改成"从一重处断"。《大清新刑律》草案第40条中的"非更受法部之命令，不得执行"被修改成"非经法部复奏回报，不得执行"。逐一比较《大清新刑律》草案、《修正刑律草案（附案语）》和《大清新刑律》文本，如以上

---

① 高汉成主编.《大清新刑律》立法资料汇编［M］.北京：社会科学文献出版社，2013：201.

② 高汉成主编.《大清新刑律》立法资料汇编［M］.北京：社会科学文献出版社，2013：208-209.

条文中的文字上的修改润色，可谓不胜枚举。

细究《大清新刑律》草案立法语言产生问题的原因，笔者觉得有一个重要的前置问题需要重视。即冈田朝太郎最初起草《大清新刑律》草案时，究竟是先使用日文起草、后由国人翻译成定稿，还是直接用中文起草的?①关于这个问题，冈田朝太郎在其回忆文中并没有提及。但据笔者分析，应该是中文。首先，从1906年9月14日冈田朝太郎和杨枢签订的聘用合同所用语言为中文、同时没有翻译成日文版本的情况可知，② 冈田朝太郎应该是懂中文的。冈田朝太郎在来华前已出版过《汉文刑法总则讲义案》③一书，说明他具备起草汉语版《大清新刑律》草案的基本能力。其次，作为试图在清末刑律改革中大显身手的冈田朝太郎，应该会直接用中文起草《大清新刑律》草案。因为从常理推断，如果冈田朝太郎用日语起草、再由国人翻译，这其中有可能会出现因翻译水平不足而导致词不达意甚至曲解的现象，这是冈田朝太郎不愿见到的。另外，当时的清政府急于完成《大清新刑律》草案，时间上也不允许先由冈田朝太郎用日语起草、再由国人翻译完成《大清新刑律》草案。

既然认定冈田朝太郎是用中文起草《大清新刑律》草案的，那么他的中文水平将直接决定着《大清新刑律》草案立法语言的质量。笔者认为虽然他在1904年曾在日本法政大学速成科担任过留日清国学生《刑法》课程的教

---

① 冈田朝太郎曾在其一篇回忆文中提到："《法院编制法草案》是1906年末开始起草，1907年2月末完成日语稿，1908年其汉译本完成。"可见冈田朝太郎最初是用日语起草《法院编制法草案》，之后由国人将其翻译成中文。详细内容请参见[日]冈田朝太郎.（雜報·法理研究会記事）中国の现行刑事法令の要領[J]. 法学協会雜誌，1915年第33卷第12号：193。

② 本文附录2中冈田朝太郎的聘用合同的第十则内容为：本合同分缮汉文四份，署名盖印，一存该员，一存使署，一存法律学堂，一存法律馆，以昭信守。

③ [日]冈田朝太郎. 汉文刑法总则讲义案[M]. 东京：有斐阁书房，1906。该书的具体内容还可以参见[日]冈田朝太郎. 冈田朝太郎法学文集[M]. 娜鹤雅（点校）. 北京：法律出版社，2015：1-37。周少元老师认为"该书虽简单，但毕竟是外国人用汉文撰写的最早的法学著作之一。"周少元. 中国近代刑法的肇端—《钦命大清刑律》[M]. 北京：商务印书馆，2012：108.

师，此外在 1906 年也出版过《汉文刑法总则讲义案》一书，但这些并不能说明冈田朝太郎是精通中文的。《汉文刑法总则讲义案》一书虽然是用汉文撰写的，但其中日文痕迹比较明显。例如冈田朝太郎在解释普通刑法和特别刑法的区别时指出，"普通刑法，其支配之身份、区域及事宜最广，特别刑法，其支配限于一定之身份、区域及事宜。普通刑法有总则及分则之别，普通刑法总则亦适用于无反对规定之特别刑法，故学普通刑法能贯通其国全部刑法之大体"①。其中"支配""反对""贯通""大体"等词的使用习惯就留有较深的日文痕迹。② 从中可见，冈田朝太郎的中文功底并非十分了得。他在著书翻译时，只是将日本句子的语序适当调整了一下，并没有在领会汉语表达习惯的基础上进行仔细推敲和斟酌。由此看来，《大清新刑律》草案立法语言出现了问题，这和冈田朝太郎的中文功底不深厚有一定的关系。

当然在当时的时代背景下，我们不能苛求前人。其实再反观一下《法院编制法》草案的修改过程及结果，我们就会发现类似的问题。吴泽勇老师在中国政法大学古籍保存本书库中发现的《法院编制法最初之稿》的稿本是由"冈田朝太郎创稿③，曹汝霖④译，沈家本、刘若曾同订"⑤。之后，

---

① ［日］冈田朝太郎. 冈田朝太郎法学文集［M］. 娜鹤雅（点校）. 北京：法律出版社，2015：6.

② 笔者觉得这句话比较地道的翻译结果应该是"普通刑法之适用范围最广，特别刑法之适用限于一定之身份、区域及事宜。普通刑法有总则及分则之分，普通刑法总则亦适用于无相反规定之特别刑法，故学普通刑法能通晓其国全部刑法之概貌"。

③ 至于冈田朝太郎用日语起草《法院编制法草案》的原因，笔者觉得主要是受时间所迫。此外冈田朝太郎的专攻是刑法，对法院编制法并不是很熟悉。在其来华之前，并未出版过和《法院编制法》相关的书籍。

④ 曹汝霖（1877—1966 年），祖籍浙江，1877 年生于上海。幼年入私塾，后去汉阳铁路学堂读书，1900 年赴日本法政大学留学，支持君主立宪，反对孙中山共和革命。1904 年归国，任职商部商务司，后被调入外务部。1913 年被袁世凯指派为第一届参议院议员。曾任民国初年高级官员，新交通系首领。曹汝霖留学日本的时间为四年左右，回国后能任职于外务部，可见其日语翻译水平应该不错。

⑤ 吴泽勇. 清末修订《法院编制法》考略——兼论转型期的法典编纂［J］. 法商研究，2006（4）：155.

宪政编查馆并没有立即审核与修改该稿本。似乎直到宣统元年十一月十五日，才由汪荣宝、陆宗舆、章宗祥三人着手修改。汪荣宝等人的修改几乎遍布原稿的每一页，但修改内容多属于文字上的斟酌和润色。① 由此可见，即使是国人自己翻译冈田朝太郎用日语起草的《法院编制法》草案，其中文字问题也是很多的。

如何将日本法律体系中的新词汇和新制度翻译成让国人易懂的内容，这是一个需要时间去仔细斟酌、慢慢打磨的系统工程。这对于受当时形势所迫急着完成《大清新刑律》草案的冈田朝太郎来说，有点苛求，这个工作只能留待后人去完善。

（5）关于"礼法之争"

除了签注之外，另因《大清新刑律》草案还引发了著名的"礼法之争"②，其中礼教派代表人物之一劳乃宣③的观点具有一定的典型性，并引发冈田朝

---

① 吴泽勇. 清末修订《法院编制法》考略——兼论转型期的法典编纂［J］. 法商研究，2006（4）：157.

② 所谓"礼法之争"，是指在清末变法修律过程中，以张之洞、劳乃宣为代表的"礼教派"与以修订法律大臣沈家本为代表的"法理派"围绕《大清新刑律》草案等新式法典的修订而产生的理论争执。沈家本、杨度等人基于对清朝所面临的社会危机及对西方国家政治法律制度的深入理解，主张大力引进西方近代法律理论与制度，运用"国家主义"等西方国家的"通行法理"，为彻底改革中国旧有的法律制度辩护，因而被称为"法理派"。而以曾任湖广总督、后任军机大臣的张之洞、江苏提学使劳乃宣为代表，包括地方督抚在内的清廷上层官僚、贵族，认为修订新律应"浑道德与法律于一体"，尤不应偏离中国数千年相传的"礼教民情"，故而被称作"礼教派"。法理派与礼教派的争论焦点有：1. 关于"干名犯义"条存废问题. 2. 关于"存留养亲"制度. 3. 关于"无夫奸"及"亲属相奸"等问题. 4. 关于"子孙违反教令"问题. 5. 关于子孙能否对尊长行使正当防卫权的问题. 6. 关于"故杀子孙"问题等. 详细内容请参见李贵连. 清末修订法律中的礼法之争［J］. 法学研究资料，1982（Z1）：31-49. 艾永明. 论清末修律中的礼法之争［J］. 苏州大学学报，1984（4）：33-36.

③ 劳乃宣（1843—1921年），字季瑄，号玉初，又号韧叟。籍贯浙江省嘉兴府桐乡（又山东省武定府阳信）。中国近代音韵学家。清末"礼法之争"中礼教派主要代表人物之一，曾任候补四品京堂、宪政编查馆参议、专核专科总办。劳乃宣坚持"本旧律之义，用新律之体"的修律方针，主张凡属三纲五常的伦理纲常都纳入新刑律之中。他的法律思想是中国封建正统法律思想在中国近代社会的表现，目的在于抵制中国法律制度的变革，维持封建君主专制。

太郎专门撰文表达自己的意见。所以笔者下面重点研究一下"礼法之争"中涉及的问题。

"礼法之争"中涉及的问题众多，有"干名犯义""存留养亲""无夫奸"及"亲属相奸""子孙违反教令""子孙能否对尊长行使正当防卫权"和"故杀子孙"等问题。在这众多问题中，冈田朝太郎明确发表文章表达自己意见的是关于"子孙违反教令""故杀子孙"和"无夫奸"问题，因而此处仅分析这三个问题。

①关于"子孙违犯教令"的问题

"子孙违犯教令"是《大清律例》中的一个独立罪名，是指子孙违背了尊长的意志，不听教令，往往构成违犯教令罪。《大清律例·诉讼》第338条规定"凡子孙违犯祖父母、父母教令，及奉养有缺者，杖一百"。在法律条文之后，又增加了第1325条①、1326条和第1327条三个条例，分别规定了子孙犯奸盗、非奸非盗和罪犯应死、谋故杀人等不同情形下所应当适用的刑罚，并由法律赋予祖父母、父母一项特殊权利——送惩权，即如第1326条中规定："子孙一有触犯，经祖父母、父母呈送者，如恳求发遣，即应照实发之例拟军，如不欲发遣，止应照违犯之律拟杖。"②祖父母、父母只要认为子孙违犯教令或者不履行扶养义务，就可以向官府申诉，使不肖子孙受到国家惩罚。官府一般在接到这类案件时都予以受理，也不需要祖父母、父母提供证据证明子孙违犯教令。

但《大清新刑律》草案中并没有对"子孙违犯教令"给予特别规定，因为草案中认为尊长在教育子孙的问题上，并不享有刑法赋予的权利。

张之洞的学部签注中虽然提及"此次所改新律与我国礼教实有相妨之处。因成书过速，大多据日本起草员所拟原文，故于中国情形不能适

合",① 但并未具体涉及"子孙违犯教令"问题,其余签注也有类似情况。对此,礼教派主要代表人物之一的江苏提学使劳乃宣的意见最为典型和全面,因而此处仅涉及劳乃宣针对该问题的看法。

关于"子孙违犯教令"问题,劳乃宣指出"我国旧律中规定子孙违犯祖父母、父母教令,及奉养有缺者,杖一百。现行律改为十等罚,又有呈送子孙恳求发遣,及屡次触忤,即将被呈之子孙发及边足四千里安置之例,所以教孝也。"②换个角度来看,劳乃宣认为《大清新刑律》草案中没有"子孙违犯教令"的相关规定,这是对中国传统礼教中的"孝"的否定。

冈田朝太郎则认为子孙违犯教令不应入刑律,并在其文章《论〈大清新刑律〉重视礼教》中专门讨论该问题,文中指出"子孙违犯教令"不应入刑律的理由有四:第一,律文所用"教令"字样,范围过广,无法分别入于罪之行为与出于罪之行为。第二,祖父母和父母的教令权限不明确,如果祖父母、父母所命互相矛盾,便不能判断子孙有无犯罪。第三,如果将一切违犯教令之行为科以刑罚,则逾越刑法范围而侵入伦常范围。如果斟酌取舍,部分科罚、部分不科罚,则将使刑法成为空文,理论与实际均不合适。第四,祖父母和父母在民法上分别享有亲权和惩戒权,有此权限,即可督责子孙之行为,无须使用刑罚加以制裁。总之,祖父母、父母于伦常有教令之力,于人道有慈爱之情,于法律有惩戒之权,不藉刑法之威力也。③

---

① 高汉成主编.《大清新刑律》立法资料汇编[M]. 北京:社会科学文献出版社,2013:187.

② 沈云龙主编. 近代中国史料丛刊第36辑. 桐乡劳先生(乃宣)遗稿(卷2)[M].台北:文海出版社,1966:1042. 原文是繁体字,且没有标点符号。上文中的标点符号是笔者自行添加上的。《大清新刑律》草案被公布之后,劳乃宣于宣统二年(1910年)向宪政编查馆上《修正新刑律案说帖》,遍布京外。之后劳乃宣又纠集105名议员,于宣统二年(1910年)十二月向资政院提交《新刑律修正案》一本,其中对《大清新刑律》草案中的若干条文提出了修改意见。详细内容请参见李贵连. 清末修订法律中的礼法之争[J]. 法学研究资料,1982(Z1):32-33。

③ [日]冈田朝太郎. 论《大清新刑律》重视礼教[J]. 法学会杂志,1911年第1卷第3期:6。

冈田朝太郎不仅进行理论上的论证，还举出了各国的立法实例。子有恶习，应该从民法赋予亲权人（即父母）于养育及教育之必要范围内自行惩戒其子或经审判衙门之许可送入惩戒场，这在日本民法第882条、法国民法第375条至382条、意大利民法第222条、西班牙民法第154条至第157条、荷兰民法第357条至第359条、德国民法第1631条都有类似规定。例如日本民法规定，审判衙门据亲权人之申请准于6个月以下之范围内，将服亲权之子（独立营生计成年人不服亲权）送入惩戒场，亲权人如欲缩短在场期间，可以随时申请，惩戒以各府县之感化院充之。和民法相配套的法律规定还有非讼事件手续法①第92条、感化院第5条。②

沈家本也认为子孙违犯教令完全是教育上的事，应别设感化院之类，以宏教育之方。此无关于刑律，是民事范围，不必规定于刑律中。③ 因此，在《大清新刑律》草案中并没有设置"子孙违犯教令"的相关法条。针对此，劳乃宣在《新刑律修正案》一文中提出应在《大清新刑律》草案中增纂如下条文：凡直系尊亲属正当之教令而故违犯者，处拘役。④

对此，宪政编查馆在奏折中发表如下意见：旧律所谓违犯教令，本与十恶之不孝有别，故罪止十等罚。历来呈控违犯之案，大抵因游荡荒废不务正业而起，现行之《违警律》，于游荡不事正业，本有明条，足资引用。如有殴詈父母或奉养有缺情形，则新刑律原案⑤之暴行、胁迫、遗弃尊亲属，此次拟增之侮辱尊亲属各条，皆可援引，无虞疏漏各等。⑥

针对宪政编查馆的意见，劳乃宣认为暴行、胁迫、遗弃、侮辱等条，

---

① 管见以为此处的"手续法"翻译成"程序法"更合理。

② ［日］冈田朝太郎.论《大清新刑律》重视礼教［J］.法学会杂志，1911年第1卷第3期：7.

③ 沈云龙主编.近代中国史料丛刊第36辑.桐乡劳先生（乃宣）遗稿（卷2）［M］.台北：文海出版社，1966：1043.

④ 沈云龙主编.近代中国史料丛刊第36辑.桐乡劳先生（乃宣）遗稿（卷2）［M］.台北：文海出版社，1966：1042.

⑤ 这里是指1907年完成的《大清新刑律》草案。

⑥ 沈云龙主编.近代中国史料丛刊第36辑.桐乡劳先生（乃宣）遗稿（卷2）［M］.台北：文海出版社，1966：1043.

既以特别规定，则呈送发遣之条，可以不设。但《违警律》之游荡不务正业，非专指不遵亲命而言，违犯教令亦不止游荡一端，非彼律所能概括。

至于沈家本所提到的感化院，劳乃宣认为：感化院之类，天下千余州县，段非一时所能徧①设，若子孙违犯祖父母、父母，官府无惩治之法，祖若父无呈送之所，实为大拂民情之事。故此条万不可少，但教令二字范围较广，故旧律"有可从而故违"之注，今加"正当"二字，以示限制。至如何谓之正当，属于审判官之认定。②

从上可见，冈田朝太郎、沈家本和宪政编查馆是反对将"子孙违犯教令"的相关法条纳入刑法体系内的。但劳乃宣从旧律的历史渊源、《违警律》中的相关规定以及感化院的设置情况等方面来论证有必要在刑律中增纂"凡直系尊亲属正当之教令而故违犯者，处拘役"的法条。尽管如此，最终在《修正刑律草案（附案语）》③和《大清新刑律》中都没有出现"子孙违犯教令"的相关规定。

②关于"故杀子孙"的问题

关于"故杀子孙"，《大清律例》中规定：其子孙违犯教令，而祖父母、父母非理殴杀者，杖一百；故杀者，杖六十、徒一年。④

《大清新刑律》草案中删除了关于"故杀子孙"的专条规定，将尊亲属杀伤子孙的行为与普通的杀伤行为同等处罚。在其第二十六章关于杀伤之罪

①　"徧"读作 biàn，意思同"遍"，普遍，遍及。

②　沈云龙主编．近代中国史料丛刊第 36 辑．桐乡劳先生（乃宣）遗稿（卷2）[M]．台北：文海出版社，1966：1042-1044.

③　修订法律馆上奏 1907 年完成的《大清新刑律》草案后，朝廷即下宪政编查馆交中央各部院、地方各督抚签注意见。从光绪三十四年学部上奏第一份签注起，到宣统二年最后一份签注上奏止，在 1908—1910 整整两年的时间里，京内外衙门陆续上奏对草案的意见。一份签注包括原奏和所附的清单两部分。此后，在法部、修订法律馆的主持下，主要在反馈了清单意见的基础上，形成了 1910 年 2 月 2 日上奏的《修正刑律案语》。具体内容请参见高汉成．签注视野下的大清刑律草案研究[M]．北京：中国社会科学出版社，2007：65。

④　沈云龙主编．近代中国史料丛刊第 36 辑．桐乡劳先生（乃宣）遗稿（卷2）[M]．台北：文海出版社，1966：1032。另可参见田涛，郑秦，点校．大清律例[M]．北京：法律出版社，1998：第 463 页中的《大清律例·刑律·斗殴下》部分。

中的第 299 条规定：凡杀人者，处死刑、无期徒刑或一等有期徒刑，且在该条的立法理由中给予说明：凡臣民者，国家之元质，其生命非父母、尊长、本夫所能夺，此为欧美各国公认之原则。子孙、奴婢、妻妾若无应死之罪，固不待论，即有应死之罪，自有审判官在，非常人所能专擅也。①

《大清新刑律》草案被公布之后，部分签注对该条提出了反对意见，笔者以学部和江西签注为例进行说明。

学部原奏②中指出：中国制刑以明父子之伦。旧律凡殴祖父母、父母者死，殴杀子孙者杖；新律草案则伤害尊亲属因而致死或成笃疾者或不科以死刑，是视父母与路人无异，与父为子纲之义大相剌缪者也。……中国制刑以明尊卑长幼之序。旧律凡殴尊长者加凡人一等或数等，干名犯义诸条立法尤为严重；新律草案则并无卑幼殴杀尊长之条，等之于凡人之例，是足以破坏尊卑长幼之序而有余也。③

江西巡抚原奏中指出：惟是处新旧递嬗之交，定中外大同之法，其可得与民变革者，固不妨取彼之长，补我之短。至于纲常所系，风俗所关，断未容以舍己徇人，自堕其千百年相传之礼教。④

高汉成在解读江西签注清单时也认为：该清单反对将生杀大权操之审判官之手，主张官民尊卑夫妻之间犯罪应等差知罪和父母尊长本夫与子孙奴婢妻妾犯罪应另立专条处罚。⑤

---

① 详细资料请参见高汉成主编.《大清新刑律》立法资料汇编［M］. 北京：社会科学文献出版社，2013：140-142.

② 一份签注包括原奏和所附的清单两部分，原奏是对草案所发表的整体性意见，多由中央各部院尚书、各省督抚亲自拟稿上奏，而所附清单多由衙门内次一级官吏签注。一般来说，原奏的意见和清单的意见是一致的。详细资料请参见高汉成. 签注视野下的大清刑律草案研究［M］. 北京：中国社会科学出版社，2007：64。

③ 高汉成主编.《大清新刑律》立法资料汇编［M］. 北京：社会科学文献出版社，2013：188.

④ 高汉成主编.《大清新刑律》立法资料汇编［M］. 北京：社会科学文献出版社，2013：206.

⑤ 高汉成. 签注视野下的大清刑律草案研究［M］. 北京：中国社会科学出版社，2007：135.

此外，劳乃宣则明确提出应补上"故杀子孙者处四等以下有期徒刑，若违犯教令，依法决罚，邂逅致死者不为罪"的法条，其原因是中外礼教不同，中国古来于亲权最为强大，不能牵外国之风俗以律中国之伦常。①

冈田朝太郎指出劳乃宣提出增纂"故杀子孙者处四等以下有期徒刑，若违犯教令，依法决罚，邂逅致死者不为罪"的观点是不合理的，原因是"措辞不当，法理不合，不可采用"。具体理由如下：一曰四等以下有期徒刑较第四百条与损坏器具及伤害禽兽之处分相等。以人类同视器具及禽兽，天下岂有此法乎？二曰于亲子一纲，杀尊亲属者，须设专条，科以惟一死刑；而杀子孙者，则不应设，较通例减轻之法，何则？盖杀子孙者，已丧慈爱之情，而有虎狼之心，实非亲也。三曰亲权不应大于国权。国家设法，制裁有轻重，所以刑罚自死刑至罚金等级不等。如修正案②定为杀死子孙违犯教令者无罪，是以死刑为一切尊亲教令之制裁，岂非亲权大于国权？盖修正案专顾亲权之强大而不知不识，藐视国权，因误会伦常之真意，遂至侵犯国家之主权。尊亲之子孙，国家之臣民也，尊亲亦国家之臣民也。论者岂忘此君臣大义徒知有孝而不知有忠哉？③

沈家本也不认同劳乃宣的观点，指出：故杀子孙，实悖春秋之义。今试以新草案而论，凡杀人者处死刑、无期徒刑或一等有期徒刑。如系故杀子孙，可处一等有期徒刑。再以酌量减轻条犯罪事实情轻减二等之法，可减为三等有期徒刑。而三等之中，又可处以最轻之三年未满，则与唐律之

---

① 沈云龙主编. 近代中国史料丛刊第 36 辑. 桐郷劳先生（乃宣）遗稿（卷 2）[M]. 台北：文海出版社，1966：1035.

② 这里的修正案即指沈云龙主编的《近代中国史料丛刊第 36 辑. 桐郷劳先生（乃宣）遗稿（卷 2）》中所收集的劳乃宣于宣统二年（1910 年）十二月向资政院提出的《新刑律修正案》。详细资料请参见沈云龙主编. 近代中国史料丛刊第 36 辑. 桐郷劳先生（乃宣）遗稿（卷 2）[M]. 台北：文海出版社，1966：1031-1059. 原文是繁体字，且没有标点符号。上文中的标点符号是笔者自行添加上的。劳乃宣曾于宣统二年（1910 年）十二月向资政院提出《新刑律修正案》一本，其中对《大清新刑律》草案中的若干条文提出了修改意见。

③ [日]冈田朝太郎. 论《大清新刑律》重视礼教[J]. 法学会杂志，1911，1（3）：2.

轻重亦差相等矣。①

《修正刑律草案（附案语）》第二十六章关于杀伤之罪第310条的案语提出：学部、江西谓原案②父母、尊长、本夫与凡人一例，失人伦之义。不知父母、尊长、本夫以慈爱其子孙、卑幼、妻女为人情之自然，乃从而杀之，则较诸凡人，尚有何可恕之理？优待虎狼之说，国家不可行也。此原案之不宜改订者八……江西谓惩治不孝子孙而与平人同罪，似属确有悖纲常，然惩戒与刑罚性质各殊，杀伤等罪不可纳入惩戒权范围。此原案之不宜改订者十。③ 最终，冈田朝太郎关于"故杀子孙"的观点在《修正刑律草案（附案语）》中得以确立，该草案坚持尊亲属无权剥夺子孙的生命，《大清新刑律》中也体现了相同的观点。

③关于"无夫奸"的问题

针对"无夫奸"，《大清律例》中规定："凡和奸，杖八十；有夫者，杖九十。"④其中"凡和奸，杖八十"即是对"无夫奸"行为的处罚规定。该罪名在大清律例中属于奸非罪的一种。"奸"是指"男女不以义交者"，⑤ 因此"无夫奸"是指未婚之女和他人发生不正当的男女关系。

但从《大清新刑律》草案第二十三章中关于奸非及重婚之罪的规定来看，只是将有夫和奸纳入刑罚范围中，并未将无夫和奸纳入刑罚范围中，因为《大清新刑律》草案第278条仅规定：凡和奸有夫之妇者，处三等至五等有期徒刑。其相奸者，亦同。

对此，众多签注表示有异议，如学部、直隶、湖广、两广、两江、江苏、热河、河南、闽浙、江西、广西、湖南、山东、山西的签注中均认为

① 范忠信. 沈家本与新刑律草案的伦理革命［J］. 政法论坛（中国政法大学学报），2004（1）：38.

② 这里是指1907年完成的《大清新刑律》草案。

③ 高汉成主编.《大清新刑律》立法资料汇编［M］. 北京：社会科学文献出版社，2013：560.

④ 田涛，郑秦，点校. 大清律例［M］. 北京：法律出版社，1998：521.

⑤ 薛允升. 唐明律合编［M］. 北京：法律出版社，1999：702.

和奸孀妇、处女，概宜科刑以维风化，并且亲属相奸宜设专条。①

其中江西签注提出："中国以礼教为重，妇女犯奸者无论有夫无夫，同一渎伦伤化。今无夫者不为罪，殊坏贞女节妇之防，实与社会风俗有碍。且亲属相奸、奴及雇工人奸家长妻女，尤关伦纪名分，此章均略而不论，乃于平人同科，亦非所以名人伦而重廉耻。此节似应添列专条。"②

冈田朝太郎在《冈田博士论刑律不宜增入和奸罪之罚则》③一文中从三个方面论证了和奸罪不宜动用国家刑罚的观点。④

首先，从刑法发展和社会进步的角度来看，在刑法观念不发达的时代，由于未划清个人道德与社会道德的界限，将教育与法律混淆为一，因此世界各国都认为和奸行为有罪而试以刑罚。18世纪末，"道德宗教法律之混淆，达于极点，其反动力，遂有划清界限之说"。发展至19世纪，"所有一般法律思想，无不以属于道德范围之恶事，与属于宗教范围之罪恶，概置诸法律之外"。在这种思想的指导下，刑法对奸非罪的处罚主要有：公然实施，致污善良风俗；以强暴实施；对于无完全承诺能力之人而实施；破坏正当婚姻之效力；足以诱引奸淫之恶习。其余如单纯私奸、纳妾、调奸等罪，东西各国刑律中殆至绝踪。新刑律认为无夫奸是无罪的，其原因也在于此。

---

① 高汉成．签注视野下的大清刑律草案研究[M]．北京：中国社会科学出版社，2007：191.

② 高汉成．签注视野下的大清刑律草案研究[M]．北京：中国社会科学出版社，2007：135.

③ 和奸包括"有夫和奸"和"无夫和奸"两种情况，其中"无夫和奸"即为"无夫奸"。

④ 《大清新刑律》草案第二十三章关于奸非及重婚之罪的立法理由中解释到：奸非之罪，自元以后渐次加重。窃思奸非虽能引起社会、国家之害，然径以社会、国家之故科以重刑，于刑法之理论未协。例如现时并无限制泥饮（是指贪杯喝醉）及惰眠之法，原以是等之行为非刑罚所能为力也。奸非之性质亦然，惟礼教与舆论足以防闲之，即无刑罚之制裁，此种非行亦未必因是增加，此本案删旧律奸罪各条，而仅留单纯之奸非罪也。详细资料请参见高汉成主编．《大清新刑律》立法资料汇编[M]．北京：社会科学文献出版社，2013：134。

其次，从法理来看，和奸行为也不应规定在刑律之中。"以法理言，凡害及社会之行为，有刑罚之效力所能及者，亦有不能及者"，大体分三种情况，刑罚效力所不能及而属于教育范围之行为，便不能不舍刑罚而注重教育。刑罚效力不如治疗效力之大者，则舍刑罚而施以治疗。最后，刑罚已经宣告，但是如果暂不执行能更有效地使犯人反省自新，便应施行缓刑。这三种方法，均为"刑期无刑"之政策，是一种适宜预防。从以上可以推论出，寻常和奸行为，只不过是违犯道德而已，并未危害社会。解决和奸行为，关键在于养成严正的家风，普及智育德育，办好新闻杂志造就社会舆论，涵养公众廉耻之心。道德日盛，习俗自会转移。

最后，从实际处理案件的角度来看，若将和奸行为纳入刑法范围，将面临着以下四个困境：立法、检举、审判、外交。首先从立法的角度来看，一是刑罚之轻重不易掌握。重刑显属不妥，"然轻微处分，终不足禁制男女之私情，则仍属无益之规定。"二是娼妓娼妇其初亦处女，寻常和奸处罚而允许娼妓营业，法理上无法解释。禁绝娼妓，又属能言而不能行之空论。① 从检举的角度来看，刑法若设此种罪名，将导致"贫贱者不能免缧绁之罪，而富贵者则搜索无从，往往幸逃在外，与刑律四民平等之原则恰相背驰。"或者不分贵贱老弱，凡有秽行风闻，一律追捕处罚。这一来便将使人为一时一事而丧失终身之名誉幸福，"实与社会上死刑无异"，更有甚者，将使一家一族为社会所不齿。从审判的角度来看，由于这种犯罪，"往往秘密之秘密行之"，证据极少，势将导致审判擅断。从外交的角度来看，刑法如作此规定，若遇有外国人和奸案而处于刑罚，势将影响领事裁判权的收回。②

总而言之，冈田朝太郎认为礼教派坚持认为无夫奸应纳入刑法处罚范围，一是不明礼教法律之界限，二是欲借礼教博旧社会之虚名。如果中国立法拘泥于礼教，不明法理，其法决非完全之法。从中可见，冈田朝太郎

---

① 笔者认为此处的第二点中将和奸行为中的女子和娼妇放在一起类比的逻辑是错误的。和奸行为是否被入刑定罪，问题的焦点不应关涉女子是否为处女。

② 李贵连．晚清立法中的外国人［J］．中外法学，1999（4）：4．

是坚决反对将无夫奸行为纳入到刑法的处罚范围之内的。

最终在《修正刑律草案（附案语）》正文中并没有出现关涉无夫奸的法条，但在附则第二条中指出："亲属相奸""犯奸"等各条均有关于伦纪礼教，未便蔑弃。如中国人有犯以上各罪，应仍照旧律办法，另辑单行法以昭惩创。① 之后，宪政编查馆核定时虽也认为无夫奸不应纳入刑法处罚范围，但考虑到签注意见之多且强烈，于是将和奸无夫之罪写入暂行章程之中，② 将附则中明确提及的亲属相奸移入正文之中，独立成条并定有二等至四等有期徒刑之重罚。同时为了平衡，相应减轻了一般和奸罪的量刑，使签注的要求在一定程度上得到了实现。③

由上可见，冈田朝太郎关于"无夫奸"的主张在很大程度上影响到了当时法部、修订法律馆和宪政编查馆中的决策层。但因众多签注的反对，宪政编查馆不得不将无夫奸的相关法条又重新移入刑律中。但不可否认的是，冈田朝太郎将和"无夫奸"相关的刑法观点引入《大清新刑律》草案中，一定程度上推动了中国刑法思想的革新。

虽然在礼法之争中，礼教派并未取得完全的胜利，但在《修正刑律草案（附案语）》中，却将关于伦常各款加重一等，同时增入了附则五条。④

---

① 附则第二条的具体内容为：中国宗教尊孔，向以纲常礼教为重，况奉上谕再三告诫，自应恪为遵守。如大清律中"十恶""亲属容隐""干名犯义""存留养亲"以及"亲属相奸、相盗、相殴"，并"发冢""犯奸"各条均有关于伦纪礼教，未便蔑弃。如中国人有犯以上各罪，应仍照旧律办法，另辑单行法以昭惩创。高汉成主编.《大清新刑律》立法资料汇编［M］.北京：社会科学文献出版社，2013：583。

② 《大清新刑律》中的暂行章程第四条规定：犯第二百八十九条之罪为无夫妇女者，处五等有期徒刑、拘役或一百圆以下罚金。其相奸者，亦同。前项犯罪，须妇女尊亲属告诉乃论，但尊亲属事前纵容或事后得利而和解者，其告诉为无效。高汉成主编：《〈大清新刑律〉立法资料汇编》，社会科学文献出版社，2013 年 10 月，第 770 页。从最终修改结果来看，礼部签注的意见对该法条的修改有影响，但劳乃宣建议删除"一百圆以下罚金"的建议并未被采纳。高汉成主编.《大清新刑律》立法资料汇编［M］.北京：社会科学文献出版社，2013：804-806。

③ 高汉成.签注视野下的大清刑律草案研究［M］.北京：中国社会科学出版社，2007：191-192.

④ 具体内容请参见高汉成.签注视野下的大清刑律草案研究［M］.北京：中国社会科学出版社，2007：178-182.

之后《修正刑律草案(附案语)》又经过四次修改，主要围绕的问题还是附则五条和"无夫奸"的相关法条的增删问题，① 最终在《大清新刑律》中也出现了与此相关的暂行章程。由此可见，关于中国传统礼教的留存问题一直是清末刑律改革中的核心问题。

5.《大清新刑律》草案的修改结果

从上面的分析结果来看，签注和劳乃宣的意见并未对《大清新刑律》草案形成巨大的冲击。根据高汉成老师的研究成果，法部和修订法律馆汇总各签注的意见之后，于宣统元年十二月二十三日(1910 年 2 月 2 日)形成了《修正刑律草案(附案语)》(高汉成老师在其文章和著作中又称其为《修正刑律案语》)，即冈田朝太郎文章中所提到的汇总了各签注意见的第二案。综合《修正刑律案语》的内容来看，总共有 471 人次的签注意见被提及，其中有 85 人次的意见被采纳或赏识，导致了刑律草案 32 处被修正。主要涉及总则中的宥恕减轻、分则中的发掘坟墓罪、杀伤罪、强盗罪等，对尊亲属的犯罪被加重处罚是草案最突出的变化。尽管签注形成了一股强大的压力，但对刑律草案的影响仍然是有限的。且不论签注的意见远不止《修正刑律案语》所提及的471 人次，即使这些，被采纳的也不到五分之一。对草案总则的修改，更加有限，总共只有 6 处，这和签注的意见之大是极不相称的。签注的大量意见，被汇集在了附则之中，另案处理。这表明法律修订馆对签注的两种态度，一是对反对意见尽量地轻描淡写……二是反对意见尽量不进入正文，以避免对刑律草案形成整体性冲击。所以修正案②尽管对初草做了不少修改，但并没有危及初草所确定的宗旨、基本原则和总体方向。③ 周少元老师也

---

① 详细内容请参见周少元. 中国近代刑法的肇端——《钦命大清刑律》[M]. 北京：商务印书馆，2012：318-319.

② 这里的修正案是指 1910 年 2 月 2 日上奏的《修正刑律草案(附案语)》。

③ 高汉成. 签注视野下的大清刑律草案研究[M]. 北京：中国社会科学出版社，2007：186.

认为由修订法律馆和法部共同完成的第二案①与第一案相比，最主要的变化是加入了着重维护礼教风俗的附则五条。由宪政编查馆于1910年（宣统二年）完成的第三案是在第二案的基础上修正而成的，该案最主要的变化是将附则改为暂行章程。由资政院法典股于1910年末（宣统二年末）在审查前三案的基础上修正润色而成的第四案的最主要的变化是删除了暂行章程。于1911年初（宣统二年十二月）完成的第五案的具体情况如下：资政院会上三读通过总则，分则因闭会时间已至，未及议完，故分则仍为第四案分则。第五案的最大变化是将"无夫奸"有罪化并放入正文。最后的第六案是指宪政编查馆对第五案进行修订、经清政府裁可后于1911年1月25日（宣统二年十二月二十五日）颁布的正式的《大清新刑律》，《大清新刑律》的最主要变化是恢复了第四案被删除的暂行章程，但对第五案"无夫奸"进入正文的决议没有采纳。《大清新刑律》是清政府为未来新政体准备的新刑法，因此当时颁而未行。② 从上可见，从第一案到第六案的反反复复的修改，其主要针对的问题是暂行章程五条和"无夫奸"的增删问题。

值得注意的是，在《大清新刑律》被公布之前，清政府曾于宣统元年正月二十七日（1909年2月17日）颁布《凡旧律义关伦常诸条不可率行变革谕》，其中指出"……上年所颁立宪筹备事宜，新刑律限本年核定，来年颁布，事关宪政，不容稍事缓图。著修订法律大臣会同法部迅遵前旨，修改删并，克日进呈，以期不误核定颁布之限。"可见当时的清政府急需一部刑法典来应付时局，这也在很大程度上决定了对《大清新刑律》草案的修改是相对有限的。接着，上谕中明确指出"……惟是刑法之源，本乎礼教，中

---

① 周少元老师认为第二案的完成时间是在1909年，笔者认为这是错误的。详细内容请参见周少元．中国近代刑法的肇端——《钦命大清刑律》[M]．北京：商务印书馆，2012：318．根据高汉成老师主编的《〈大清新刑律〉立法资料汇编》一书中的《法部、修订法律馆为修正刑律草案告成敬缮具清单折》的内容可知，第二案的完成时间是在1910年2月2日，即宣统元年12月23日。详细内容请参见高汉成主编．《大清新刑律》立法资料汇编[M]．北京：社会科学文献出版社，2013：470．

② 周少元．中国近代刑法的肇端—《钦命大清刑律》[M]．北京：商务印书馆，2012：318-319．

外各国礼教不同，故刑法亦因之而异。中国素重纲常，故于干犯名义之条，立法特为严重。良以三纲五常，阐自唐虞，圣帝明王，兢兢保守，实为数千年相传之国粹，立国之大本。……凡我旧律义关伦常诸条，不可率行变革，庶以维天理民彝于不敝。该大臣等务本此意，以为修改宗旨，是为至要。"①清政府的态度也是比较明确的，和中国传统礼教相关的法条是要保留的。所以，新刑律草案中暂行章程五条的出现也是顺理成章的，但这并不意味着清政府要坚决维护纲常礼教。高汉成老师认为此时的朝廷更愿意拿法律上的更大"进步"来换取人们对宪政事业的信心。正如苏亦工所说："清政府于此时下达这样的上谕固有'表明维护纲常礼教'态度的一面。但说'坚持'，就未免言过其实了。如果真是这样，为什么当新刑律草案被广泛视为违背礼教伦常时，不仅没有被推翻，居然只是在做了轻微的修改以后就被通过了呢？"②笔者认为此时的清政府也意识到中国的一些传统法律文化和世界"先进"法律文化有着很大的不同。清政府试图通过引进世界"先进"法律文化达到废除领事裁判权的目的。面对众多签注所施与的压力，清政府采取了"增加暂行章程五条"这一策略。因此，从这个角度来看，冈田朝太郎所主草的《大清新刑律》草案被大刀阔斧地修改的可能性也是很小的。

此外，笔者发现第三、四、五、六案都是在时间仓促的情况下，从1910年2月2日至1911年1月25日这一年之内完成的，很多内容都是未来得及充分讨论，就匆忙通过上谕颁布了。③

综合以上信息可知，冈田朝太郎主草的《大清新刑律》草案其实并没有经过多大的修改就最终被公布了。因为草案本身也是一个完整的体系，纵然各地方签注提出了各种各样的意见，但草案为了保持自身的完整性，只

---

① 高汉成主编.《大清新刑律》立法资料汇编［M］.北京：社会科学文献出版社，2013：469.

② 高汉成.签注视野下的大清刑律草案研究［M］.北京：中国社会科学出版社，2007：174.

③ ［日］冈田朝太郎.清国修正刑律草案（总则）［J］.法学协会杂誌，1911年第29卷第3号：371-372.

能作出有限的细微调整。另外，当时的清政府急需一部刑法典来应付"立宪风波"，所以根本无心也无力在刑律草案的具体内容上进行精斟细酌。其中，签注反对意见最集中的部分的内容以附则的形式附在《修正刑律草案(附案语)》之中。草案中直接涉及"三纲五常"内容的是附则第二条、第三条和第五条。其中第二条规定：中国宗教尊孔，向以纲常礼教为重，况奉上谕再三告诫，自应恪为遵守。如大清律中"十恶"、"亲属容隐"、"干名犯义"、"存留养亲"以及"亲属相奸、相盗、相殴"，并"发冢"、"犯奸"各条均有关于伦纪礼教，未便蔑弃。如中国人有犯以上各罪，应依照旧律办法，另辑单行法以昭惩创。第三条规定：应处死刑，如系危害乘舆、内乱、外患及对于尊亲属有犯者，仍照臣馆第一次原奏代以斩刑，俾昭炯戒。第五条规定：中国人，卑幼对于尊亲属不得援用正当防卫之例。① 在《大清新刑律》的暂行章程中，第四条规定：犯第二百八十九条之罪为无夫妇女者，处五等有期徒刑、拘役或一百圆以下罚金。其相奸者，亦同。前项犯罪，须妇女尊亲属告诉乃论，但尊亲属事前纵容或事后得利而和解者，其告诉为无效。第五条规定：对尊亲属相犯，不得适用正当防卫之例。②

6. 冈田朝太郎对修改结果的反应

从修改结果来看，冈田朝太郎所主草的《大清新刑律》草案并没有经过多大的修改就最终被公布了。虽然《大清新刑律》中出现了暂行章程五条，但在总体上并没有改变冈田朝太郎所起草的《大清新刑律》草案的整体框架结构和立法主导思想。

因此，当日本媒体围绕清末法典编纂状况采访冈田朝太郎时，冈田朝太郎给予的总体评价是顺利进展中。据不完全统计，从 1906 年来华至

---

① 高汉成主编.《大清新刑律》立法资料汇编[M]. 北京：社会科学文献出版社，2013：583.

② 高汉成主编.《大清新刑律》立法资料汇编[M]. 北京：社会科学文献出版社，2013：770.

1915 年回国期间，冈田朝太郎曾经几次短期回国。1910 年 2 月 4 日《朝日新闻》有标题为《清国法典谈　冈田博士的归朝》的报道，1910 年 7 月 11 日《读卖新闻》有标题为《冈田博士谈》的报道，1911 年 1 月 21 日《读卖新闻》有标题为《冈田博士谈》的报道，1912 年 6 月 29 日《读卖新闻》中报道，冈田将于 7 月上旬回北京。总体而言，在上述报道中，冈田朝太郎对法典编纂的状况持乐观态度。①

但这些并不意味着冈田朝太郎对中国现状把握很准确，制定出了适应中国现状的刑律。在其关于清末法制变革的系列回忆文中恰恰反映出他对中国当时现状及清政府的认识并不深刻。

首先，冈田朝太郎曾在其回忆文《清国の刑法草案について》中叙述到："在 1907 年夏天，法律馆面临着被关闭的局面。"②冈田朝太郎对当时法律馆的处境有着这样的认识，可见其对当时中国的社会发展局势把握并不正确。当时正逢清政府实施"丙午改制"，其工作重点并不在修订法律馆。恰逢作为法律馆的重要领导人物的沈家本在"丙午改制"中被任命为大理院正卿，势必要离开法部。但对沈家本是否继续担任法律馆的修订法律大臣一事，清政府并未做出明确指示。因此，导致法律馆的事务处于低迷状态。③ 但若明白清政府的改革思路的话，就不会做出"法律馆面临着被关闭的局面"的判断。从当时的社会发展状况来看，只会出现法律馆归属发生变化的可能性，而不太可能被关闭，因为当时的清政府急需一系列新的

---

① 　这些报道几乎都是只言片语，无法得知冈田朝太郎对《大清新刑律》草案的修改状况的详细看法。

② 　［日］冈田朝太郎. 清国の刑法草案について［J］. 法学志林，1910 年第 12 卷第 2 号：123。

③ 　事实上自光绪三十二年（1906 年）九月二十一日沈家本被任为大理院正卿至光绪三十三年（1907 年）九月初五日至他重新被任为修订法律大臣近一年的时间内，馆事一直处于低迷状态。具体内容参见陈煜. 清末新政中的修订法律馆：中国法律近代化的一段往事［M］. 北京：中国政法大学出版社，2009：54。笔者认为冈田朝太郎完成刑律草案和法院编制法的时间恰逢此时，是冈田朝太郎充分实现自己法律观念的大好时机。

法律来应付当时的时局。① 法律馆从成立起也积累了两年多的工作经验，并且取得了一系列的成绩，② 清政府断然不会在紧急关头做出关闭法律馆的决定。光绪三十三年（1907 年）九月四日，清政府立即准奏宪政编查馆提出的"让修订法律馆独立，排除部院、督抚的干涉"的要求，并于同日颁布上谕："着派沈家本、俞廉三、英瑞，充修订法律大臣，参考各国成法，体察中国礼教民情，会同参酌，妥慎修订，奏明办理。"③清政府的这一系列举动也进一步验证了笔者的看法。因此从以上可见冈田朝太郎对清末法制变革和修订法律馆的了解并不深入，对清政府的改革动向并不清晰。

其次，在《大清新刑律》的修改过程中，曾出现过广泛征求中央各官厅及地方督抚签注意见的环节，有些签注对冈田朝太郎所主草的《大清新刑律》草案提出了若干反对意见。对此，冈田朝太郎在其文章《清国の刑法草案について》中指出："1907 年《大清新刑律》草案被公布，其目的是征询京师各官厅及京外督抚的意见。但从 1905 年《民事刑事诉讼律》征询而来的意见书来看，我觉得没有多大的益处⋯⋯我也不明白基于何种原因，需要按照惯例征询京师各官厅及京外督抚的意见。"④从中我们可以推测出冈田朝太郎认为征求京师各官厅及地方督抚的签注意见是没有实际意义的。冈田朝太郎提出为了防止地方督抚对法典编纂事业的妨碍，他积极倡议设立宪政编查馆。⑤ 他认为要尽快引进反映新时代要求的先进法律，而不需要在繁琐而漫长的征询京师和地方签注意见上浪费宝贵的时间，可见冈田

① 陈煜也认为尽管修订法律馆在组织上处于涣散状态，但是内核未动，正所谓"花落春犹在"；又犹如一颗火种，只要遇有机会，终会成燎原之势。陈煜. 清末新政中的修订法律馆：中国法律近代化的一段往事[M]. 北京：中国政法大学出版社，2009：54-56。

② 陈煜. 清末新政中的修订法律馆：中国法律近代化的一段往事[M]. 北京：中国政法大学出版社，2009：54.

③ 清德宗实录（卷五七九）[A]. 北京：中华书局，1987：662.

④ [日]冈田朝太郎. 清国の刑法草案について[J]. 法学志林，1910 年第 12 卷第 2 号：120。

⑤ [日]広池千九郎. 広池千九郎博士清国调查旅行资料集[M]. 东京：法人财团モラロジー研究所，1978：130。

朝太郎对清政府的改革思路和方法并不完全认同。

再次，冈田朝太郎在《清国の刑法草案について》中还记载道："按照计划，宣统六年(1914年)实施该草案。虽然当时很多人都说这个计划被实行的可能性不大，很有可能有变化，但我觉得如果没有特别意外的事的话，还是可能被实行的。因为在此之前，一部分重臣虽然也极力反对法典的修订、币制的统一和宪政的实施等，但最终通过光绪三十四年(1901年)八月一日上谕的颁布，以上事项都被断然执行。因为有外来刺激，受时间所迫，最终不得不承认其实施，关于宪政的实施和九年计划书的准备事项是已经确定的事。另外关于各种法典编纂、颁布和施行的事也在以上上谕中明确了其时间。就当时形势而言，我觉得没有更改计划的状况。"①从以上文字可以判断出，冈田朝太郎对自己编纂的刑律草案按计划被实施还是有相当大的信心的，从中可见冈田朝太郎对当时中国现状的认识并不深刻，对刑律改革中可能出现的阻力估计不足。

最后，当《大清新刑律》草案险遭礼教派的极大否定时，冈田朝太郎却惊诧无比。冈田朝太郎在其另一篇文章《清国既成法典及び法案について》中回忆道："在1910年冬天资政院会议上讨论刑律草案时，白票党(守旧派)提出刑律草案中没有无夫奸、子孙违反教令等的罪刑规定，这极大地破坏了我国传统的礼教，因此刑律草案险遭全面否定。幸亏蓝票党(新思想派)依靠巧妙的手段使得只有总则部分经历了三读会，分则部分留待当年年末的会议上再行讨论。岂料白票党的剩余势力竟唆使京师大学校长上奏弹劾修律大臣的折子。看到热心于修律事业、博识的沈家本被迫免职，这在大谈特谈责任内阁、国会开设和宪政施行的时代，应该算得上是一大骇人听闻了。"②立宪改革势必会遭到依赖旧制度生存的官僚的抵制，因此肯定不是一蹴而就的事情。深谙此理的沈家本也预料到会有这种状况，开

① ［日］冈田朝太郎.清国の刑法草案について[J].法学志林，1910年第12卷第2号：123。

② ［日］冈田朝太郎.清国既成法典及び法案について[J].法学志林，1911年第13卷第8号：145-146。

始继续从事《大清律例》的修订工作，试图尽快完成《大清现行刑律》。但冈田朝太郎却对这一现象表示无比惊讶，日本学者宫坂宏认为："冈田朝太郎在法典编纂方面，比较关注法理论以及技术层面的东西，因此制定出自认为比日本刑法还先进的刑律草案，而且对该刑律草案的实施前景相当自信……对于新刑律历经周折的修订过程，竟然完全出于冈田朝太郎的意外……可见冈田朝太郎对当时清国的现实并没有正确的认识。"①这也让笔者再次怀疑冈田朝太郎对当时中国的现状是否有清醒的认知。

（二）起草《法院编制法》草案和《大清刑事诉讼律》草案

冈田朝太郎在清末修律活动中，除了参与起草《大清新刑律》草案，还参与了其他法律草案的起草。《东京朝日新闻》曾报道如下：博士是刑法大家，曾于明治三十九年受中国政府招聘赴清。目前，该国现行的《法院编制法》《刑事诉讼法》《违警律》等都是该博士起草的。② 但经笔者查证得知《违警律》草案并不是由冈田朝太郎主草的。③ 因笔者精力和研究能力有限，下面仅粗略介绍冈田朝太郎在华期间起草《法院编制法》草案和《大清刑事

---

① ［日］宫坂宏．清国の法典化と日本法律家—清末の刑法法典編纂の問題について，选自仁井田升博士追悼論文集（第3卷日本法とアジア）［M］．东京：勁草書房，1970：250-251。另外宫坂宏在另外一篇文章中也发表了类似见解。［日］宫坂宏．清末近代法典編纂と日本人学者—刑律草案と岡田朝太郎［J］．専修大学社会科学研究所月報，1967年第46、47号（合刊）：23。

② ［日］岡田朝太郎博士［N］．東京朝日新聞，1936-11-14（H13）。

③ 光绪三十三年（1907年），民政部在借鉴世界各国立法经验的基础上，拟定了十章四十六条《违警律草案》，提交宪政编查馆审核。光绪三十四年（1908年）四月初十，经宪政编查馆修改后，《大清违警律》正式颁行，共计十章四十五条，基本维持草案原貌，只是在编排次序和体例上做了调整。详细内容请参见韩延龙，苏亦工主编．中国近代警察史［M］．北京：社会科学文献出版社，2000：264。另外，陈煜也指出，《违警律》是由民政部主稿，会同法律馆共同制定的。详细内容请参见陈煜．清末新政中的修订法律馆：中国法律近代化的一段往事［M］．北京：中国政法大学出版社，2009：340。因此冈田朝太郎在华期间，除了起草《大清新刑律》草案外，还起草了《法院编制法草案》和《大清刑事诉讼律草案》。

诉讼律》草案的一些情况。

1. 起草《法院编制法》草案

关于《法院编制法》草案，冈田朝太郎在其回忆文中提到："在《大清新刑律》草案总则的一部分脱稿时，突然产生了起草《法院编制法》的必要，于是在1906—1907年，在未经认真推敲的状况之下，我提交了《法院编制法》草案。"①可见冈田朝太郎从1906年10月初到1907年8月上旬，主要目标是完成《大清新刑律》草案的起草工作。但在此过程中，突然产生了起草《法院编制法》的必要。于是，冈田朝太郎不得不中断《大清新刑律》草案的起草工作，开始起草《法院编制法》草案。

至于突然产生起草《法院编制法》的必要性，那是起源于当时著名的"部院之争"，即指法部和大理院之争。光绪三十二年（1906年）九月二十日，清政府发布上谕："刑部着改为法部，专任司法；大理寺着改为大理院，专掌审判。"②这一决策透露了清政府试图推行司法独立的意志。由于清政府是在国家危亡时刻临时决定的变法措施，因此其准备并不充分，使得在其后期实践过程中法部与大理院的具体权责关系并没有明确的区分。其中主要问题集中在司法行政权中的人事权、审判厅设置区划权和司法警察的调度权和审判权中的死刑案件复核权上。③ 当时出任法部尚书的是戴鸿慈，出任大理院主管的是沈家本。沈家本积极投入大理院的筹建工作，并率先着手拟定本院官制，并在很短的时间内就完成了《大理院审判编制法》，并在光绪三十二年（1906年）年内得以颁行。该法比照日本裁判制度，规定了大理院在京直辖的审判厅、局。为了尽快进一步完善法院体系，就必然需要起草《法院编制法》。正好冈田朝太郎此时已来华，借助冈

---

① ［日］冈田朝太郎. 清国の刑法草案について［J］. 法学志林，1910年第12卷第2号：121。

② 朱寿朋编. 光绪朝东华录（五）［M］. 北京：中华书局，张静庐，等校点. 1958：5579.

③ 陈煜. 清末新政中的修订法律馆：中国法律近代化的一段往事［M］. 北京：中国政法大学出版社，2009：250.

田朝太郎的力量尽快完成《法院编制法》的编纂就成为沈家本的可用选项之一。

那么，冈田朝太郎是否真正参与了《法院编制法》草案的起草，并最终完成了《法院编制法》草案？根据吴泽勇的研究成果，在中国政法大学古籍保存本书库中，有一份关于《法院编制法》的稿本，该稿本封面题名《法院编制法最初之稿》，分 16 章，加上附则共 177 条。在《法院编制法最初之稿》的封面上标明了该稿的作者："冈田朝太郎创稿，曹汝霖译，沈家本、刘若曾同订"①，这一材料能有力证明冈田朝太郎确实参与了《法院编制法》的起草工作，并起了很大的作用。

冈田朝太郎的回忆文中记载：《法院编制法》是 1906 年末开始起草，1907 年 2 月末完成日语稿，1908 年其汉译本完成。在公布之前，张之洞反对司法独立，试图篡改，但最终其阴谋未能得逞。结果《法院编制法》草案以原案面貌通过，司法独立的原则最终得以确立。②

《法院编制法》是仿照日本《裁判所构成法》拟成，共计十六章，分别为审判衙门通则、初级审判厅、地方审判厅、高等审判厅、大理院，司法年度及分配事务，审判衙门之用语、判断之评议及决议、庭丁、检察厅、推事及检察官之任用、书记官及翻译官、承发吏、法律上之辅助、司法行政之职务与监督权、附则，共一百六十四条。该法案集中体现了司法独立的理念，参酌了西方既有的良法美意，实现了审检分离，规定了辩护制度和诉讼代理制度，是司法制度现代化的开端，也为此前沸沸扬扬的部院权限之争划上了一个句号。③

至于《法院编制法》的实施效果，据冈田朝太郎回忆文中记载：根据清政府所制定的宪政实施十年计划，原计划是在八年期间，根据《法院编制

---

① 吴泽勇. 清末修订《法院编制法》考略——兼论转型期的法典编纂[J]. 法商研究，2006(4)：155.

② [日]冈田朝太郎.（雑報·法理研究会记事）中国の现行刑事法令の要领[J].法学协会雑誌，1915 年第 33 卷第 12 号：193。

③ 陈煜. 清末新政中的修订法律馆：中国法律近代化的一段往事[M]. 北京：中国政法大学出版社，2009：331.

法》的规定，建立遍布全国的法院。但后来因受到革命以及其他诸多原因的妨碍，至 1915 年按原计划实施的地方只有北京一处而已。① 从这里可见《法院编制法》的实施效果并不让人满意。

2. 起草《大清刑事诉讼律》草案

除了起草《大清新刑律》草案和《法院编制法》草案外，冈田朝太郎还起草了《大清刑事诉讼律》草案。

关于清末刑事诉讼律的发展，早在 1902 年在沈家本的主持下，由伍廷芳执笔，就开始着手拟定诉讼法草案，最终于 1906 年奏进《刑事民事诉讼法》，这个草案共分五章，共计 260 条。② 这是中国第一部诉讼法律草案，打破了传统的以刑为主，诸法合体的封建立法体系，有了实体法与程序法的区分，有了刑事诉讼与民事诉讼的区分，虽然还没有独立编纂刑事诉讼法与民事诉讼法，但区分了刑事规则与民事规则。这部草案最后没有得到颁行，但为中国独立编纂诉讼法律进行了有益的尝试。

据冈田朝太郎回忆文中记载：《大清刑事诉讼律》最初的草案在 1909 年完稿，之后为了与《大清民事诉讼律》相协调统一，在 1910 年夏天，又修订完成了《大清刑事诉讼律》修正草案。③ 学者萧伯符认为该草案是在日本学者冈田朝太郎协助下起草的，共计 15 章，514 条。"第一编为总则，包括审判衙门、当事人、诉讼制度 3 章。第二编是第一审，包括公诉和公判 2 章。第三编为上诉，包括通则、控告、上告、抗告 4 章。第四编为再审，包括再诉、再审、非常上告 3 章。第五编为特别诉讼程序，包括大理院特别权限之诉讼程序、感化教育及监禁处分程序 2 章。第六编为裁判之执行。"④ 与伍廷芳执笔起草的诉讼法草案相比，这个草案显得更加完善。

---

① ［日］冈田朝太郎.（雑報・法理研究会記事）中国の現行刑事法令の要領［J］. 法学協会雑誌，1915 年第 33 卷第 12 号：193。

② 萧伯符主编. 中国法制史［M］. 北京：人民法院出版社，2003：326.

③ ［日］冈田朝太郎.（雑報・法理研究会記事）中国の現行刑事法令の要領［J］. 法学協会雑誌，1915 年第 33 卷第 12 号：193。

④ 萧伯符主编. 中国法制史［M］. 北京：人民法院出版社，2003：327.

该草案主要模仿的是日本 1890 年的《刑事诉讼法》，虽然不是完全照抄，但也是对外国法借鉴较多的一部诉讼法律，这部草案作为当时中国的第一部刑事诉讼法，具有较重大的意义。

至于该草案的发展动向及实施效果，冈田朝太郎回忆道：1910 年夏天完成的《大清刑事诉讼律》修正草案因大理院、法部之间的争执，最终没有被上奏，一直到 1912 年 5 月，只有关于管辖的规定（即草案中的第 1 条至第 27 条）被付之实施。至于其余内容，因有《各级审判厅试办章程》之类的简单现行法存在及被适用，所以《大清刑事诉讼律》修正草案中的其余规定并未得到真正实施。① 从上可见，《大清刑事诉讼律》的实施效果也不尽如人意。

（三）小　　结

冈田朝太郎在清末法制变革中，帮助清政府起草了《大清新刑律》草案、《法院编制法》草案和《大清刑事诉讼律》草案，为我国法制发展起了积极的推动作用。《大清新刑律》是我国第一部具有现代意义的专门刑法典。《法院编制法》集中体现了司法独立的理念，实现了审检分离，规定了辩护制度和诉讼代理制度，开启了我国司法制度现代化的新纪元。《大清刑事诉讼律》是我国当时第一部具有现代意义的刑事诉讼法，具有重大的意义。因清末法制变革的重中之重是刑律改革，所以冈田朝太郎所起草的《大清新刑律》草案备受关注和争议，而针对《法院编制法》草案和《大清刑事诉讼律》草案的意见则相对较少。另因笔者研究能力所限，下文仅以《大清新刑律》草案为中心分析问题。

冈田朝太郎在参与清末法制变革的过程中，曾说过"中国新定大清刑律草案，实为最新之法理"②这样的话语，从中我们能隐约体会出冈田朝太

---

① ［日］冈田朝太郎.（雑報・法理研究会記事）中国の现行刑事法令の要領［J］.法学協会雑誌，1915 年第 33 卷第 12 号：193。

② ［日］冈田朝太郎（口述）. 刑法总则［M］. 熊元翰（编）张勇虹（点校）. 上海：上海人民出版社，2013：3。

郎"积极求新"的心态，针对冈田朝太郎在《大清新刑律》草案中所提出的新的刑法观念和制度，自然要一分为二地去看。一部分新的观点，顺应了当时世界的潮流和中国的现状，冈田朝太郎及时地为中国引进这些新制度，我们应以积极的心态去学习和吸收这些新的法律文化。另一部分新的观点，是冈田朝太郎认为是"最新之法理"，但和中国当时的现状或传统法律文化脱节的一些刑法问题。

不可否认的是，冈田朝太郎的《大清新刑律》草案有力地推动了中国刑法的向前发展，为我们带来了不少对我国刑法发展起积极推动作用并被当时许多国人认可的一些新的刑法制度。

首先，从结构上来看，"总则、分则"的体例安排使得《大清新刑律》草案在结构上具备现代刑法典的特征，总则部分中关于"罪"和"刑"的相关规定的先后顺序的调整，使得总则部分的结构更合理。其次，从内容上来看，确立了一些新的刑法原则，例如罪刑法定主义原则、罪刑相适应原则和刑罚人道主义原则。具体体现为引进了新的刑罚制度例如缓刑、假释等，在无期徒刑和死刑的执行方法上都做出了新的规定，新增加了妨害交通罪、妨害卫生罪、妨害安全信用名誉及秘密罪和妨害国交罪等。

《大清新刑律》草案中也出现了许多备受争议的内容，其中最突出的部分自然是关涉中国礼教的一些条文的取舍问题，如子孙违犯教令、故杀子孙、无夫奸等。冈田朝太郎曾发表文章《论大清新刑律重视礼教》《冈田博士论刑律不宜增入和奸罪之罚则》《冈田博士论子孙违犯教令一条应删去》等，[①] 其中明确指出子孙违犯教令、无夫奸这些行为是不应入刑律的，针对故杀子孙的行为一定要进行严厉的刑事处罚。此外，冈田朝太郎对聋哑者和老人的宥减问题、年少者刑事责任年龄中的绝对无责任年龄问题也提出了新的看法。在刑罚制度的问题上，提出新的主刑之一罚金刑，并主张罚金刑与自由刑可以易换。另外还提出"罚金的多少应根据犯人的贫富状

---

① 具体内容参见李贵连、[日]松田惠美子．清末の立法にみられる日本人法律家の影響[J]．名城法学，1996年第45卷第4号：16-22。李贵连．晚清立法中的外国人[J]．中外法学，1999（4）：4。

况而定"的观点。在关涉一些罪名的量刑问题上，出现了罪刑不相适应的问题，典型的有国交罪、伪证及诬告之罪和吸食鸦片罪等。以上的问题都在一定程度上反映了冈田朝太郎超先进的刑法理念，但这些理念是和中国传统观念、社会现状有较大的冲突，一时难以让多数人接受。

但笔者认为并不能因此否定冈田朝太郎所起草的《大清新刑律》草案为推进中国法制向前发展所起的积极作用。之后，虽因清政府灭亡导致《大清新刑律》颁而未行，但此后以《大清新刑律》内容为基础，对其中与民国国体抵牾部分稍作修改后形成 1912 年《中华民国暂行刑律》予以施行。北洋政府期间，又曾有过两次刑法修正。第一次修正刑法草案，冈田朝太郎参与其中①，成于 1915 年，由法典编纂会酌采逊清各省签注修正，交法制局会同司法部、大理院核议，但因时值洪宪政变，因此搁置。该草案中有明显的复古倒退倾向。第二次修正刑法草案由修订法律馆据 1915 年草案修正，成于 1918 年，该案回归了《大清新刑律》的立法风格。提交议会之后，寝而未议。南京国民政府期间，以 1918 年的刑法草案为基础，吸收晚近各国新立法例形成 1928 年《中华民国刑法》，这是以正式刑法典的形式认可了《大清新刑律》的立法成果。②

冈田朝太郎是一位日本法律专家，虽然他对西方的法国法、德国法比较了解，但对中国传统法律文化了解得并不多，并对中国当时的现状认识并不深刻。因此，他也丧失了许多与中国法学者深入交流的机会，在匆匆起草《大清新刑律》草案的过程中，他也只能摸着石头过河，所以草案中出现盲目引进西方文化的现象也是在所难免的。

---

① 以上资料显示冈田朝太郎仅参与了 1915 年第一次修正刑法草案的修订，但到目前为止笔者还没有找到更为详细的信息。

② 详细内容请参见黄源盛. 清末民初近代刑法的启蒙者——冈田朝太郎[C]. 黄宗乐教授六秩祝贺——基础法学篇，台北：学林出版公司，2002：182。周少元. 中国近代刑法的肇端——《钦命大清刑律》[M]. 北京：商务印书馆，2012：319。

四、在华从事的其他工作

1906 年 9 月，冈田朝太郎应聘来华的身份之一即为京师法律学堂教习。因此，冈田朝太郎在清末法制变革中除了参与修律工作，完成了《大清新刑律》草案、《法院编制法》草案和《大清刑事诉讼律》草案的起草工作之外，还担任了京师法律学堂的教学工作。

（一）承担多门法学课程教学任务

冈田朝太郎来华后，在修订法律馆附设的京师法律学堂任教习。[①] 在京师法律学堂中，冈田朝太郎任教的科目繁多。虽然于 1906 年 9 月 14 日冈田朝太郎与杨枢签订的合同中约定：冈田朝太郎在京师法律学堂任教的科目是《刑法》及《刑事诉讼法》[②]，但冈田朝太郎实际任教的科目远远不止这两门。

冈田朝太郎在《法学通论讲义》的序文中写道："予主讲京师法律学堂，时为诸生讲述法学通论，始事于明治三十九年，阅岁甫毕，或以丛集成书为请，因增删一节过付诸梓人印刷将竣，乃序而行之。予惟法学通论为之

[①] 冈田朝太郎来华前，曾在特别为清国留日学生开设的日本法政大学速成科中担任《刑法》课程教师。具体情况如下：为了满足清政府对新式法学人才的大量需求，日本法政大学设置了速成科，以迎接大批的清国留日学生。在日本法政大学速成科任教的老师都是日本人，多数都是来自东京帝国大学教授、法官和政府官员，都是当时在各界比较有影响力的人。其中梅谦次郎担任《民法》课程讲授任务。冈田朝太郎担任《刑法》课程讲授任务。

[②] 详细内容请参见本文的附录。

用，盖有二焉，为有志法学者计之，则入门之钥也，登高之梯也。为其余学者计之，则普通学之一也，参考学之一也，予为是书亦冀于斯二义，兼顾弗失，然惧其欲两得之而反两失之也，未敢侈言求全，有航允尔惟立法之为学精矣、博矣，思于一帙之中赅举大纲，甚或遗漏，则其文字之不得不简略者，亦因其所学者初读是书，庸或以不明废然却步，虽然是毋足虑其始所不了了者，姑付阙如，读至过半，将有仿佛窥见其大意者，及乎终篇，则必怡然自得，以为既入法学之门径，再读一过，且自以为解法学之大体矣，读三四次而疑问丛生，乃思取专门之籍学者之说，而参考钻研之，是谓善读书者，而于著述是书之本旨为不负矣。此书本为中国学生讲述，故间引中国法制以为譬喻，以无病大旨存而不削焉。明治四十年八月二十日冈田朝太郎自叙。"①从中可见，冈田朝太郎对中国法制有一定的了解，能在讲解法律知识时穿插一些中国的例子。另外，冈田朝太郎还很注重对学生学习方法的指导，鼓励学生刻苦钻研法学。

盐田环曾介绍过冈田朝太郎在华的任教情况。某日盐田环拜访了住在北京城西的冈田朝太郎，之后参观了京师法律学堂。当时一个班有 200 至 400 人同时上课，上课时，因日本教师不能讲中文，所以只能通过口头翻译来传达日本教师的上课内容。学校对学生管制较严，严格考勤，记入最终成绩。学生中有少数非常出色的人才，但真正热心学习法学的学生大概只有一半左右。②

有资料记载京师法律学堂当时的课程科目和授课时间总数，其中冈田朝太郎在京师法律学堂分担的课程科目一共有 8 门，分别是《法学通论》《宪法学》《行政法》《刑法总则》《刑法分则》《裁判所构成法》《刑事诉讼法》和《法院编制法》。③另外熊达云的文章内容也显示冈田朝太郎在京师法律

---

① ［日］冈田朝太郎. 法学通论（卷九）［M］. 北京：修订法律馆，光绪三十四年刊印：序言。

② ［日］塩田環. 北京見聞録［J］. 法学協会雑誌，1908 年第 26 卷（下）：416。

③ 上海商务印书馆编译所编纂. 大清新法令（1901—1911）点校本（第三卷）［M］. 上海：商务印书馆，2011：393-395.

学堂中担任的科目共8门，但在实际开课时，冈田朝太郎承担的具体课程数目是6门，其中《刑法总则》和《刑法分则》两门课被合成了一门课《刑法》①，《裁判所构成法》和《法院编制法》这两门课被合成了一门课《裁判所编制法》。京师法律学堂的普通学制是三年，一个学期是15周，一周的上课时间是36小时，速成班的学制是一年半。

如果假设冈田朝太郎只上一个班的课的话，那么冈田朝太郎分担的课程科目的三学年的上课总数分别是《刑法》285小时、《法学通论》150小时、《刑事诉讼法》135小时、《宪法学》90小时、《行政法》75小时和《裁判所编制法》30小时，合计来看，冈田朝太郎三年的总工作量是765小时，平均每年的工作量是255小时。学堂一个学期是15周，再平均到每周，是每周八个半小时的工作量，可见冈田朝太郎的课程任务还是非常繁重的。此外，冈田朝太郎还在京师大学堂、朝阳大学兼职②，还要担任修订法律馆的编纂法律草案的重大任务，在冈田朝太郎的回忆文中曾记载有时因为草案的修订与讨论，竟会彻夜不眠。③

冈田朝太郎在京师法律学堂担任教习期间，还曾为中国学生作过毕业演说，具体内容如下：乘新年之假，研究有益之学，是余所最欢欣者。中国将来司法制度、审判制度，究应如何？观欧美大势及中国利害关系，必成为三面关系。即原告、被告、审判厅是也。即民事、刑事，皆应如此。就刑事一方面言，检察官、审判官、辩护士三方面均有关系。即审判时必应旁人观听，若审判官不能明习法理，主张事实，必为检察官之所指摘。

① 熊达雲．清末における中国法律の近代化と日本人法律顾問の寄与について—松岡義正と民事関係法律の編纂事業を中心にして[J]．山梨学院大学法学論集，2014年3月第72卷：151。

② 详细内容请参见何勤华．外国人与中国近代法学[J]．中外法学，2004(4)：447。该页中有一张题为《中国近代聘请之外国法律教师任职情况表》的表格。表中显示冈田朝太郎在京师大学堂(师范馆)、京师大学堂(仕学馆)、京师法律学堂、朝阳大学担任教习。

③ [日]冈田朝太郎．清国の刑法草案について[J]．法学志林，1910年第12卷第2号：120-123。

再言民事，将来民法、商法编定，人民不尽解法律，而必以辩护人代为答辩。使审判官不明法律，又必为律师所窘。以将来大势推之，此检察、审判、辩护人三种所不可不再加研究者。愿以后以官事之暇，再求学问，以此次之讲习会为嚆矢。尚有质问，鄙人当竭力奉答，如有不知，再求之先达面报命。当今世界竞争大势，皆注目东洋。而东洋之所以使列强起野心者，此中国之弱耳。愿诸君各奋其事，以强中国、强东亚，以保和平，则予之希望也。① 从中可见，冈田朝太郎对中国莘莘学子的殷切希望。

冈田朝太郎在传道授业的同时，还积极著书立说，宣传"最进步之学理"。其在华期间，在中日两国分别出版了数量可观的汉文法学著作。第一本为《汉文刑法总则讲义》，日本明治三十九年（光绪三十二年，1906年）由日本有斐阁书房发行。该书虽然简单，但毕竟是外国人用汉文纂写的最早的法学著作之一。第二本为《法学通论讲义》，这是冈田朝太郎在京师法律学堂的讲稿。沈家本为此书作序称赞道："日本之讲求法律，著书立说者非止一家，而冈田博士之书最鸣于时。其所撰《法学通论讲义》，吾学堂诸君子亦既面聆之而研究之矣，同人复怂恿付梓，以广流传。"②第三本为《大清刑律草案大清违警律》，1908年北京有正书局发行。第四本为《刑法理由书》。这些著作的出版推动了法学研究的开展，也有助于当时的法学教育的兴起。③

（二）指导修订法律馆馆员业务

从目前笔者找到的资料来看，记录冈田朝太郎在修订法律馆的工作情

---

① ［日］冈田朝太郎等口授.检察制度［M］.郑言笔述、蒋士宜编纂，北京：中国政法大学出版社，2003：243。
② 沈家本.法学通论讲义序，寄簃文存［M］.北京：中华书局，1985：2233.
③ 周少元.中国近代刑法的肇端——《钦命大清刑律》［M］.北京：商务印书馆，2012：107-108.

况的只有《汪荣宝日记》，① 其中隐约可见冈田博士忙碌的身影。

"早起。冷水浴。补写昨日日记。到宪政编查馆，本日奏《法院编制法》及《法官考试任用》《司法区城分划》《初级及地方审判厅管辖事件》各暂行章程，得旨颁布。司法独立之基础，正是始为确定。冈田博士朝太郎言，《法院编制法》行而立宪政体已得三之一矣。"②

"早起。到修订法律馆与冈田博士商榷法律（《诉讼律》）名词，酌定数十语。属博士列表，用誊写板刷印，分飨同馆诸人。"③

"早起。冷水浴。以赴法律馆之便与寰弟同往学部，访君九、润甫、叔蕴、明允……旋即到法律馆阅冈田草拟《刑事诉讼律草案》。"④

"早起。冷水浴。覆校《刑律案》分则毕事，乃修改总则。冈田原案于国交罪一章，规定颇详，多为各国刑律所未有，兹以馆中讨论之结果，颇加删削。余亦初无异见，及修改总则，知原案于国交罪一章，皆用相互主义。凡外国人对中国犯罪有应与中国臣民处同一罚者，则中国臣民若对外国有犯，亦以同一之处罚报之。今删除对外犯罪处罚之规定，而于侵犯皇室及内乱外患罪各章，仍留外国人有犯适用本律处断之规定，则尊己卑

---

① 汪荣宝（1878—1933 年）字衮父，号太玄，江苏吴县人。1897 年丁酉科拔贡，1898 年应朝考，以七品小京官入兵部任职，1900 年入南洋公学堂，后赴日本留学，入早稻田大学和庆应义塾。在东京加入国民义勇军，回国后仍在兵部任职。1906 年任京师译学馆教习，旋改任巡警部主事，巡警部改民政部补参事，仍兼译学馆教习。1908 年任民政部右参议，后迁左参议、左丞，并兼职于修订法律馆与宪政编查馆，1910 年任资政院议员，1911 年 4 月奉派为协纂宪法大臣，1912 年任临时参议院议员。1933 年 6 月病逝，年 55 岁。著有《清史讲义》《法言义疏》《思玄堂诗集》和《歌戈鱼虞模古读考》等。详细内容请参见汪荣宝. 汪荣宝日记[M]. 赵阳阳，马梅玉，整理. 南京：凤凰出版社，2014：前言。因冈田朝太郎与汪荣宝都在修订法律馆和宪政编查馆任职，因此两人深度交流的机会应该比较多。
② 北京大学图书馆馆藏稿本丛书编委会. 汪荣宝日记[M]. 天津：天津古籍出版社，1987：382，宣统元年（1909 年）十二月二十八日。
③ 北京大学图书馆馆藏稿本丛书编委会. 汪荣宝日记[M]. 天津：天津古籍出版社，1987：552，宣统二年（1910 年）五月二十二日。
④ 北京大学图书馆馆藏稿本丛书编委会. 汪荣宝日记[M]. 天津：天津古籍出版社，1987：588，宣统二年（1910 年）七月初五日。

人，似欠允洽。灯下就编制局说帖签注数条，声明此义……。"①

"早起。冷水浴。接续校改《刑律》修正条文……访冈田博士，谈《刑律》事良久，抵暮而回。"②

"早起。冷水浴……旋往法律馆饭，冈田博士对于刑律案总则又有修正之处，余亦将所疑之点详加质询，复据以修改字句。"③

"早起。冷水浴。午刻到院，二时许开会，再读《刑律》，自十七条至一百八十五条，无甚异议。一百八十六条籍议员忠寅议改'营造物'为'建筑物'，多数可决。高议员又倡议增入'多众乘坐之汽车、船舰'一款，第一百八十八条邵议员羲又嫌所有物范围太广，讨论再三，议决再付审查。至二百零四条，无异论，时已近十时，宣告展会(详情不悉记)。余往冈田博士家，商榷顷间议决问题，至十二时顷而回。"④由上可见，汪荣宝等人对待刑律的态度是十分认真的。已经开会讨论到晚上十点，汪荣宝不立即回府，而是直接去冈田博士家。对于有疑问的地方，继续和冈田博士探讨。同时可见冈田博士对刑律草案也是比较关注的。

"早起。冷水浴……五时许访冈田博士，质以关于司法权解释之异同，亦颇不了了之。冈田刑法专门，于其他公法未尝十分研究也。子健新自日本回，亦来访博士，共谈半时许……"⑤

从上可见，在刑律草案修改的过程中，汪荣宝和冈田博士经常就相关问题进行讨论，修订法律馆的馆员们会时不时得到冈田博士的指点。可以说冈田博士对我国刑律的发展作出了积极的贡献。

---

① 北京大学图书馆馆藏稿本丛书编委会．汪荣宝日记[M]．天津：天津古籍出版社，1987：629，宣统二年(1910 年)八月十五日。
② 北京大学图书馆馆藏稿本丛书编委会．汪荣宝日记[M]．天津：天津古籍出版社，1987：718，宣统二年(1910 年)十一月十六日。
③ 北京大学图书馆馆藏稿本丛书编委会．汪荣宝日记[M]．天津：天津古籍出版社，1987：725，宣统二年(1910 年)十一月二十三日。
④ 北京大学图书馆馆藏稿本丛书编委会．汪荣宝日记[M]．天津：天津古籍出版社，1987：740，宣统二年(1910 年)十二月初七日。
⑤ 北京大学图书馆馆藏稿本丛书编委会．汪荣宝日记[M]．天津：天津古籍出版社，1987：986，宣统三年(1911 年)七月十六日。

(三)小　结

从 1906 年 9 月冈田朝太郎应聘来华，一直到 1915 年 9 月返回日本，冈田朝太郎在华时间为九年左右。在这九年时间内，他不仅起草了《大清新刑律》草案、《法院编制法》草案和《大清刑事诉讼律》草案，还在京师法律学堂、京师大学堂和朝阳大学担任法学教学工作，著书立说，积极宣传西方先进的法制理念，有时还在修订法律馆中指导馆员业务。

在担任京师法律学堂教习期间，冈田朝太郎任教的科目繁多，教学任务繁重。首先，冈田朝太郎先生的学术专攻是刑法学，但给当时的中国学生上课的内容不仅关涉刑法学，还涉及法学通论、宪法学、行政法学、法院编制法和刑事诉讼法。首先备课的工作量就是一个不小的压力，其次当时的日本教习是用日语给学生上课，再由翻译人员将日本教习的讲课内容翻译成中文，至于具体的上课模式，从笔者目前获取到的信息中无法再知道得更详细，但就当时这种夹杂着翻译人员在其中的上课模式就让人觉得十分吃力，而且一个班的学生人数竟有 200~400 人。对现在的我们来说，这是难以想象的事情。其中的艰辛，恐怕只有冈田朝太郎和当时的日本教习才能体会得到。

在修订法律馆工作之余，冈田朝太郎还和汪荣宝以及其他馆员切磋法律问题，为馆员指点迷津。

关于冈田朝太郎的具体在华生活状况的记录，笔者仅发现了一封冈田朝太郎寄给日本朋友的一封信。这封信的开头首先交代自从 1906 年 10 月冈田朝太郎来华后一直到 1908 年 1 月，只偶尔给严谷小波氏①写信透露在

---

①　严谷小波为冈田朝太郎在文学社团砚友社期间结识的好友。严谷小波（1870—1933 年）童话作家、小说家、俳句诗人。本名季雄，东京都人，砚友社成员，于明治二十四年（1891 年）年发表《黄金丸》，从而确立其童话作家的地位，并从事对世界童话的介绍。日本的儿童文学学者认为严谷小波"在儿童文学中追求着明朗、快乐的游戏"，不愧为日本儿童文学的创始者。

中国的一些情况，这段时间内冈田朝太郎几乎没有给日本的东京同仁写过长信，这是唯一的一封长信。①

在这封信里，冈田朝太郎首先声明自己并没有下过不完成既定的任务就不给东京同仁写信的决心，自己一直没给大家写信的原因是实在太忙了，自己只是暗下决心一定要完成既定的任务才会回日本。

接着他描述了忙碌的在华生活，每天要忙于给学生准备授课的讲义，另外还要忙于刑法、法院编制法草案等的编纂，有时因为会议，竟会通宵达旦，最终因手术卧床40多天方才病愈。

紧接着冈田朝太郎介绍了在华的饮食情况，他就以写信当日的一天饮食为例。早餐的酱汤中用的似乎是半白色的类似大阪地方的酱，对于东京出身的冈田朝太郎来说，这是难以忍受的，因为东京人是根本吃不了大阪地方的酱的。此外，酱汤上还漂着乱七八糟的有筋的葱，这也让冈田朝太郎感到极度不适应，因为日本酱汤中的葱是小细葱，根本就不会用有筋的大粗葱。还有一道菜是鸡蛋、香菇煮豆腐皮，这是妻子每天迫不得已都要准备的，因为没有其他可以用来煮汤的。腌菜是黄瓜，虽然北京的黄瓜比日本好吃多了，但天天吃就有些难以忍受。冈田朝太郎是全部用日本米来做饭的，这是来华的日本人中少见的，因为这非常奢侈。冈田朝太郎解释道因他自己饭量较小，从来不添饭，所以费用还在可忍受的范围之内。另外关于牛排，首先在北京要买到牛肉是要费大力气的，好不容易费尽周折买来的牛肉，闻起来总是有一股恶臭。用这样的牛肉来做日式牛肉火锅，实在是差强人意。迫不得已用来做牛排，也要好好地煮透，才能消除那股臭味，要等到凉了才能吃，真是无奈之极。还有炸肉排，这是一道把牛肉、猪肉等裹上面粉、搅好的鸡蛋和面包粉用油炸制成的食品。因为在北京要买到面包粉要去很遥远的地方，所以迫不得已只能做油炸牛肉。北京的鸡肉也不好吃，干瘪、没有油脂。此外，在北京卖的日本酒都是些难喝

① ［日］冈田朝太郎. 唐土や花は咲かねど冬の月[J]. 手紙雑誌，1908年第6卷第1号：55-58。

的酒，冈田朝太郎也不喜欢喝北京的酒，因此到了北京后，他也自然变得不喝酒了。

　　从上可见，冈田朝太郎对在北京的饮食生活还是非常不满意的。再加上当时在华的清苦的工作条件和落后的医疗条件，可以说如果冈田朝太郎没有一定的毅力和目标，是绝对不可能坚持在华待上九年之久的。

五、在华后期工作参与状况

此处的"在华后期"主要是指民国初期开始至 1915 年 9 月冈田朝太郎返回日本。就笔者现有资料而言,并不能分析出冈田朝太郎思想和工作态度发生转变的具体时间。从本论文第三部分的分析可知冈田朝太郎是十分关注《大清新刑律》草案的命运的。从《大清新刑律》草案的修改过程来看,该草案最终是于 1911 年 1 月 25 日得以颁布的。因此可以说从 1906 年 10 月至 1911 年 1 月,冈田朝太郎的工作态度还是比较认真的。但在 1913 年 7 月,冈田朝太郎极有可能已经参与到下文中所提到的一起重大的金融诈骗案中,并于 1914 年接受了北洋政府的聘请,参与草拟《修正刑法草案》,因此笔者断定此时冈田朝太郎的工作态度已发生明显转变。

(一) 民国初期的法律修订工作

至于冈田朝太郎在华后期的工作状态,当时日本法官尾佐竹猛[①]曾有过描述。尾佐竹猛发表在报纸上的报道内容中,拿冈田朝太郎和松冈义正做对比。松冈义正整天埋头苦干,但冈田朝太郎却是热衷于与社会名流交往,忙于收集古董,在法典编纂上面却不怎么花大力气。对此,冈田朝太

---

① 尾佐竹猛笔名活杀子,一个富家出身的东京法官,一个史料主义者,一个好事家,具有官僚自由主义的倾向。他的写作风格是严密的考证,再加上不屈服于权威的自由主义见解。[日]西英昭. 岡田朝太郎について(附. 著作目録)[J]. 法史学研究会会报,2010 年 3 月第 15 号:166。他曾担任过明治大学法学部教授,由此可能对冈田朝太郎比较熟悉。

郎的辩解理由是"我们再怎么辛苦编纂出来的法律草案只会被束之高阁，不知何时被实行，不必那么认真"①。

当时日本《读卖新闻》中还曾有关于冈田朝太郎热衷收集古董的报道，②另外《朝日新闻》中有冈田朝太郎、有贺长雄③等日本高级顾问蓄有小妾的报道。④ 冈田朝太郎在来华时并没有妾，只和其妻子冈田舒子同行来华。由此可见，冈田朝太郎的在华生活还是有变化的。

另根据黄源盛教授的研究成果可知民国三年（1914 年），袁世凯解散国会，渐露称帝之野心，于是命令章宗祥、汪有龄、董康等组织"法律编查会"，提议修正刑法并礼聘冈田朝太郎参与草拟《修正刑法草案》，以资熟手。冈田朝太郎接受了北洋政府的聘请。黄源盛教授认为冈田朝太郎本应拒绝，因为袁世凯的行为是倒行逆施，违背历史潮流的。但是冈田朝太郎却接受了袁世凯的聘请，参与了北洋政府《修正刑法草案》的编纂，这是冈田朝太郎人生的一个败笔。⑤ 也许这个资料也能证明冈田朝太郎的后期工

---

① ［日］活杀子. 法曹珍話閻魔帳（14）文士から法律家へ［N］. 読売新聞，1921-11-02。

② ［日］（趣味）金仏と石仏［N］. 読売新聞，1910-09-27。

③ 有贺长雄在民国之初，应袁世凯聘请担任顾问，当时就携带妻子和小妾来华的。详细内容请参见李延江. 民国初期における日本人顾问——袁世凯と法律顾问有贺长雄［J］. 国际政治，1997 年 5 月第 115 号：38。有贺长雄（万延元年十月一日—大正十年五月十七日即 1860 年 11 月 13 日—1921 年 5 月 17 日），1882 年从东京大学文学部毕业，1884 年成为元老书记官，甲午战争（日本称之为日清战争）中和日俄战争中担任法律顾问。1886—1887 年留学德、奥，获得文学和法学博士学位。1913 年成为袁世凯的顾问，其年薪是 38000 日元。据有关资料显示，当时 1 英镑相当于 9.796 日元，约相当于中国银元 10 元。照此换算，中国银元与日元之比值大约为 1：0.9796；那么，有贺长雄的年薪应为 38790 银元，月均 3200 银元左右。详细内容请参见［日］日本外务省外交史料馆所藏外务省記録：《外国官庁二於テ本邦人雇入関係雑件/職応聘員数等调查第一卷（3 門 8 類 4 項 16—2—2）》。有贺长雄的年薪远远高出中国国务总理的收入，仅次于大总统袁世凯。众多学者认为有贺长雄是个十分狂热的披着博士和学者外衣的老牌军国主义扩张分子，他用他的笔，为日本军国主义对中国的侵略扩张政策进行了最无耻的辩护和粉饰。梁启超曾对有贺长雄的言论表示极度不满。

④ ［日］东人西人［N］. 朝日新聞，1913-11-22。

⑤ 黄源盛. 清末民初近代刑法的启蒙者——冈田朝太郎［A］. 黄宗乐教授六秩祝贺—基础法学篇［C］. 台北：学林出版公司，2002：184。

作状态是有问题的。

最为重要的是在民国初期，冈田朝太郎还涉嫌参与一起重大的金融诈骗案①，尽管后来冈田朝太郎向日本外务省提交过一份关于涉嫌金融诈骗案件的解释说明书②，但笔者认为这份说明书并不能有力证明他是清白的。关于该案件，笔者将在本节的第二小部分给予详细说明。冈田朝太郎在其提交给日本外务省的解释说明书中透露因北京信托公司的所有人松本君平经常不在北京，他还担任着北京信托公司的事务管理人。在管理松本君平的信托公司的事务的过程中，曾出现冈田朝太郎难以忍受其烦，提出让松本君平的朋友安藤万吉来管理信托公司事务的想法。③ 可见信托公司的事务还是比较繁杂的。而且冈田朝太郎在说明书中交代：松本君平在北京的时间非常少，其大多数事务由冈田朝太郎管理。④ 我们很难想象冈田朝太郎在既要从事法典编纂工作、还要在北京法政专门学校和朝阳大学等多个学校⑤

① 中国第二历史档案馆整理编辑．政府公报（影印本）第五十九册，1915 年 6 月（第 1116 号-1129 号）［Z］．上海：上海书店，1915 年 6 月 27 日第 1126 号：431-437.

② 详细内容请参见［日］外务省记录《外国官庁に於テ本邦人雇入関係雑件/清国之部》第四卷（一）（3 門 8 類 4 項 16—2 号）［A］．东京：日本外务省外交史料館，该资料共 39 页。

③ 详细内容请参见［日］外务省记録《外国官庁に於テ本邦人雇入関係雑件/清国之部》第四卷（一）（3 門 8 類 4 項 16—2 号）［A］．东京：日本外务省外交史料館，其中冈田朝太郎关于此案件的说明书部分的第 30 页。

④ 详细内容请参见［日］外务省记録《外国官庁に於テ本邦人雇入関係雑件/清国之部》第四卷（一）（3 門 8 類 4 項 16—2 号）［A］．东京：日本外务省外交史料館，其中冈田朝太郎关于此案件的说明书部分的第 18 页。

⑤ 据笔者所知范围，冈田朝太郎在后期任教的学校有北京法政专门学校和朝阳大学。北京法政专门学校是于 1912 年（民国元年）由京师法律学堂、京师法政学堂、京师财政学堂合并组建而成的。朝阳大学创办于 1912 年（民国元年），由法学界著名人士汪子建、江翎云、黄群、蹇念益等先生创办，她是一所以法律、政治、经济等系为主的著名的法科大学。在担任教习之外，冈田朝太郎还担任过法制局法典编纂会调查员，之后变化为司法部法典会顾问，其月薪最高时达到 1000 银元。详细内容请参见详细内容请参见［日］日本外务省外交史料館所藏外务省记録：《外国官庁二於テ本邦人雇入関係雑件/職応聘員数等調查（第一卷）（3 門 8 類 4 項 16—2—2）》，其中收集了由日本外务省政务局第一课（意同中文的第一科）编纂的连续出版的从 1902 年至 1919 年的《清国備聘本邦人名表》。

担任教学工作的前提之下，哪里还有时间和精力去担任信托公司的事务管理人？

至于冈田朝太郎后期工作状态转变的原因，笔者认为可从如下文章中找到一些线索。1910 年冈田朝太郎在《关于清国的将来》一文中有如下感想："因清国是具有先注重外部形式然后才充实具体内容的品性的国家，所以法制变革在将来也许会取得较大的成绩。"①从这里笔者认为可以隐约体会出冈田朝太郎对当时法制变革的现状并不是十分满意。随着时间的推移，冈田朝太郎已粗略感觉到清政府并不是真正重视法律建设，只不过是需要形式上的新法来应付当时的时局，因此会出现冈田朝太郎"我们再怎么辛苦编纂出来的法律草案只会被束之高阁，不知何时被实行"的抱怨。细致查看一下《大清新刑律》以及之后以此为基础成稿的 1912 年、1915 年和 1918 年的刑法，要么是颁布而没来得及真正实施，要么是干脆就没来得及颁布。当时中国社会状况比较混乱，法律就沦落为频繁更换的不同掌权者的统治工具，使得其稳定性遭到极大的破坏，这在一定程度上打击了冈田朝太郎的工作积极性。此外《法院编制法》虽得以颁布，但因其他配套措施的限制，也流于形式。对此，学者张从容认为："此前进行的司法改革虽然卓有成效，但还未能彻底改变司法体制中的弊端，因而对于《法院编制法》来说，它的许多条文实际上形同具文……由于缺乏现实基础的支撑，立法者所追求的法理思想和法律规定越新，所编订的法律离中国的现实也就越远。试图以法律来塑造现实社会的理想只能流于形式与浪漫。"②可见《法院编制法》的实施效果并不理想。此外，据冈田朝太郎回忆《大清刑事诉讼律》的实施效果也不尽如人意。③ 这些问题都在一定程度上打击了冈田朝太郎的工作积极性。

---

① ［日］冈田朝太郎. 清国の将来について［J］. 国際法雑誌，1910 年第 9 卷第 7 号：517-518。

② 张从容. 析 1910 年法院编制法［J］. 暨南学报（哲学社会科学），2003（1）：29.

③ 具体内容请参见本文中关于《大清刑事诉讼律》草案起草过程的介绍。

（二）辞职回国的主要原因

随着国际形势的发展和时间的推移，中日关系发生着变化，这也影响着应聘来华的日本专家及教习的去留。1915年1月日本向北洋政府提出了二十一条，这一举动引起了国人强烈的排日高潮，于是许多被聘来华的日本专家和教习纷纷被迫回国。在此大背景之下，另因冈田朝太郎涉嫌参与一起金融诈骗案件，在1915年9月冈田朝太郎返回母国。回到日本后，冈田朝太郎仍继续接受法律馆的委托，从事相关工作，但主动辞去母校教授一职，只在一些私立学校如早稻田大学、明治大学等，继续担任刑法教学工作。① 至于冈田朝太郎回国后和法律馆的详细合作情况，因资料的缺乏，暂时无法展开详细的论述。

笔者认为冈田朝太郎涉嫌参与金融诈骗案是导致其最终回国的主要原因，因此下文将详细介绍该案件的主要情况。目前学界还没有关于该案的详细情况介绍，西英昭老师只在其介绍冈田朝太郎的文章中以一两行字的篇幅简单一带而过。从表面上来看，该金融诈骗案与清末法制变革没有直接联系，但笔者认为冈田朝太郎之所以会卷入这起金融诈骗案，这和他在清末法制变革后期的工作状态有很大的关系，正因为在清末法制变革后期冈田朝太郎的工作态度的转变，才使得其有可能参与金融诈骗案。另外，据现有资料中的案件相关信息可知，冈田朝太郎曾担任过日本人松本君平经营的北京信托公司的事务管理人，但无法得知冈田朝太郎是何时开始参与北京信托公司的事务管理的，这一细节有待进一步考证，这也许和清末法制变革有关联。此外，从该案中的一些细节能够看出当时社会中部分前清亲贵显臣的法制意识薄弱，这也许是清末法制变革难以深入的原因之一，也是冈田朝太郎在清末法制变革的后期工作状态发生转变的原因之

---

① 黄源盛．清末民初近代刑法的启蒙者——冈田朝太郎[A]．黄宗乐教授六秩祝贺—基础法学篇[C]．台北：学林出版公司，2002：519．

一。也许正因为此，才让冈田朝太郎产生了挑战当时司法机关威信的想法。另外，该案中的重要人物熊垓，是当时的著名律师，曾留学日本，和冈田朝太郎一起在修订法律馆、京师法律学堂共同工作过，和大理院、宪政编查馆有着紧密的联系，共同经历过清末法制变革。熊垓和冈田朝太郎之间究竟是何种关系？为何对法律如此精通的两个人会沦落到如此地步？这些问题都尚未得到解决。因此笔者将该案的情况介绍如下，以期为进一步研究提供基础。

在下文中，笔者依托当时中国《政府公报》上的一份判决书和冈田朝太郎于民国四年(1915年)五月二十四日向日本外务省提交的一份关于涉嫌诈骗案件的解释说明书，来尽力还原一下当时案件的具体情况。

该案发生在民国这个特定的时代背景之下，"民国成立以来，前清之亲贵显臣富有资财者，从前作威作福，人多侧目。一旦失去势力，则人人得而侮之，于是恶棍流氓相率敲诈。施以敲诈，若无适当名目，谈何容易。故恶棍流氓不得不假借法庭为武器，利用律师为爪牙，以达其恐喝欺诈之目的。"①

在介绍该案之前，有必要介绍一下一个跟该案相关的重要细节。民国二年(1913年)阴历九月，北京著名律师熊垓②特赴继禄③家二次，询问有无愿打官司之事，继家拒绝不理。之后又有日本人松本君平前往继家窥探情形，亦经拒绝。但不过数日，遂有审判厅票传继禄欠债不偿之事。继宅大惊，不知所措。正因该细节的暴露，案发后，审判厅更加确信地认定"此中情节明者自知，先是熊垓与王西园等串通一气，伪造存票一张和借

---

① 具体内容参见中国第二历史档案馆整理编辑. 政府公报(影印本)第五十九册，1915年6月(第1116号-1129号)[Z]. 上海：上海书店，1915年6月27日第1126号：438。

② 熊垓，江西高安县人，1899年和李盛衔一起考取湖北官费赴日留学。

③ 经笔者查证，该案中所提及的继禄很有可能是清末官员继禄。继禄曾担任过工部左侍郎，后调任为吏部右侍郎，1906年(光绪三十二年)调任为吏部右侍郎，之后不详。

票一张", 之后才发生如下诈骗案。①

从上可见该案中出现的两张伪造票据即存票一张和借券一张, 就成为本案中的关键。根据《政府公报》上透露的信息来看, 存票所反映的主要借贷关系为"子云"欠德安堂(即张祥福)银 20 万两(本来是 20 万两, 存票上标注已付 2 万, 所以准确地说, 应该是除付尚存的 18 万两的存票)。至于这张存票中的"子云"所指何人, 审判厅起初认为"子云"为继禄的后代, 因为继禄别号为"子寿"。但熊垓等人在庭审中又指出"子云"二字为继禄胞弟继祥之号。借券所反映出来的信息为张祥福以存票作为抵押, 从松本君平所开设的信托公司借走银 10 万两。至于伪造"张祥福"这个人名的缘由, 审判厅认为这和清朝末代太监总管"小德张"②有关系。在庭审中, 熊垓指出张祥福即为"小德张"。小德张名祥斋, 字云亭, 在内宫太监里排辈兰字, 序号张兰德, 慈禧太后赐名"恒泰", 宫号小德张, 其堂名为"永春堂", 而并不是前面所提到的"德安堂"。1909 年, 按照慈禧的懿旨, 小德张升为长春宫四司八处大总管。各王公贵族、朝廷大臣觐见隆裕太后, 必须得到小德张的首肯, 权倾一时。由此可见, 伪造和小德张有联系的票据容易使人相信票据的真实性。

本案中还有一些重要的人物关系值得重视。首先是冈田朝太郎与松本君平③的关系。冈田朝太郎是松本君平所经营的北京信托公司的事务管理

---

① 具体内容参见中国第二历史档案馆整理编辑. 政府公报(影印本)第五十九册, 1915 年 6 月(第 1116 号-1129 号)[Z]. 上海: 上海书店, 1915 年 6 月 27 日第 1126 号: 431。

② 小德张(1876 年—1957 年 4 月 19 日), 中国清朝末代太监总管(中国最后一位太监总管), 序号张兰德。民国二年(1913 年)隆裕太后去世后, 出宫到天津英租界做寓公, 深居简出, 不问政事, 广置田产。1957 年 4 月 19 日病逝于天津, 终年 81 岁。张兰德旧居在天津。

③ 松本君平(1870—1944 年), 日本静冈县出生, 是明治及昭和时代前期的新闻工作者、政治家、思想家、教育者。是文学博士, 众议院议员。1908 年来华, 1909 年在天津创办英文报纸《中国时代》及周刊《中国护民官》。另外, 在北京发行日刊《新中国》, 并成立了中国信托公司。曾担任过广东军政府的顾问。

人，① 因松本君平经常不在北京，所以在松本君平不在北京期间，冈田朝太郎会替松本君平处理信托公司的相关事务。当松本君平所经营的信托业务出现纠纷时，就向冈田朝太郎咨询，冈田朝太郎向松本君平介绍了当时北京有名的律师熊垓。其次是冈田朝太郎与熊垓的关系。在冈田朝太郎于民国四年(1915年)五月二十四日向日本外务省提交的一份关于涉嫌诈骗案件的解释说明书中，冈田朝太郎陈述到他与熊垓之间之前有过师徒关系，冈田朝太郎还进一步指出如果熊律师有什么不正行为的话，自身有义务也有权利阻止其从事不良行为，绝没有助成其从事不良行为的道理。② 可见冈田朝太郎和熊垓的关系还是比较亲密的。另据陈煜的研究成果可知，在光绪三十三年(1907年)十月二十九日，宪政编查馆奏上"调员分任馆务"一折并单，一次奏调了五十一名人员，并分配馆职。名单中有熊垓的名字，其原有身份是"大理院奏调留学日本大学毕业生"，从中可以得知熊垓曾供职于大理院，后又很可能任职于宪政编查馆。③ 另外，陈煜在介绍京师法律学堂时明确指出："在其师资配备上，最可看出法律学堂的运转，实质就是修订法律馆原班人马在主事，所以京师法律学堂的开办，同样是修订法律馆一项巨大的成就。"在中国教员的名单上有熊垓的名字，在日本教员的名单上有冈田朝太郎的名字，④ 由上可知熊垓和冈田朝太郎之间还是有许多碰面交流的机会，他们和修订法律馆、大理院、宪政编查馆、京

---

① 详细内容请参见[日]外务省記録《外国官庁に於テ本邦人雇入関係雑件/清国之部》第四卷(一)(3門8類4項16—2号)[A].东京：日本外务省外交史料馆，其中冈田朝太郎关于此案件的说明书部分的第1页。因该资料是原始资料，所以说明书中并没有标注明确的页码。这里的"第1页"是笔者自行编排的。

② 详细内容请参见[日]外务省記録《外国官庁に於テ本邦人雇入関係雑件/清国之部》第四卷(一)(3門8類4項16—2号)[A].东京：日本外务省外交史料馆，其中冈田朝太郎关于此案件的说明书部分的第5页。

③ 原始资料请参见"宪政编查馆奏调员分任馆务折并单"，载《政治官报》光绪三十三年十一月初三日，第四三号。转引自陈煜. 清末新政中的修订法律馆：中国法律近代化的一段往事[M]. 北京：中国政法大学出版社，2009：274。

④ 详细情况请参见陈煜. 清末新政中的修订法律馆：中国法律近代化的一段往事[M]. 北京：中国政法大学出版社，2009：348.

师法律学堂都有着紧密的联系。

在了解以上信息的基础之上再来看整个案件经过，就会显得比较清晰。以下即为该案件的经过。民国二年(1913年)七月，陈锦荣、丁云孙等首先伪造18万两的存票，该存票以子云为名，是立给德安堂(即张祥福)的。之后陈锦荣等将该存票交给松本君平所开设的中国信托公司，委托其代为起诉追偿。七月二十九日，在松本君平的翻译唐津田①作为保人的情况下，陈锦荣和松本君平签订了一份合同，其内容为：关于18万两的存票的诉讼，诉讼费由信托公司自理，收款中的十分之四归信托公司，十分之六给陈锦荣。之后，陈锦荣等又以张祥福为名，以该存票作为抵押，从信托公司借银十万两，并和松本君平签有一张借券，其中规定：如果四个月期满，银十万两尚未归还，就任由信托公司以存票向继家如数追讨。八月份，松本君平和唐津田先后来北京亲访继家，但并未见到继家人。随后继家人派人见过松本君平，并告之并不存在该项债务。此后在九月份，松本君平就找冈田朝太郎商量此事，打算聘请律师熊垓代理此案。十月二十九日，熊律师以廷斌为被告人提起民诉，原因是存票中的"子云"即为继祥，已故，廷斌是继祥的儿子。但经京师地方检察厅民庭调查得知，继祥共有三个儿子，分别叫荣魁、志魁、文魁，并没有名叫廷斌的儿子。于是，对该案作出了"驳回诉讼请求"的处理。十一月二十一日，熊垓致函冈田朝太郎，主张另行起诉。于是，在十二月十日，松本君平仍委托熊垓，以继祥的三个儿子为债务人提起诉讼。十二月二十七日，本庭开始审理此案，熊垓请求民庭票传王西园②到庭作证。民国三年(1914年)二月，松本君平、丁云孙请王西园来京，由唐津田引见熊垓。本厅多次传案，但熊垓屡请延期。民国三年(1914年)六月三十一日，冈田朝太郎、安藤万吉③忽与熊垓

---

① 国籍不明。

② 王西园是天津人，无业游民。

③ 根据冈田朝太郎向日本外务省所提供的案件说明书中可知，安藤万吉是松本君平的朋友，对松本君平家里情况比较熟悉。在冈田朝太郎管理松本君平信托公司的过程中，因公司牵涉到以上案件，曾出现冈田朝太郎不能忍受其烦的情况。在这种情况之下，松本君平征求冈田朝太郎的意见，冈田朝太郎建议由安藤万吉来管理松本君平信托公司的事务。

订立一份"备忘录"，备忘录中提出该案和解，并指出和解额的标准。同时提出代理人报酬之成数以及分割所得之主体。民国三年（1914年）七月八日，熊垓代理松本君平与王西园订立附条件的合同，取消陈锦荣与松本君平所立之合同，将其中原给陈锦荣的十分之六的收款所得改为给王西园。在这种情况下，王西园仍未出庭作证。九月二十二日，又开庭审理此案。第二次辩论中，王西园仍未到案。在庭审中，熊垓说张祥福就是小德张，嘱托天津审判厅传讯。后经检察厅调查，小德张的真实姓名是张云亭，他与日本人并无借贷关系，而且他并不知道子云是何许人也，与继家无贷款关系。十二月二十四日，王西园因另案被押，他委托朋友于邦澂带着他与熊垓所订的合同，前往继家说合。继家拒绝不见，于邦澂将合同退回给了王西园。本案一直拖到民国四年（1915年）一月十四日，才得以终结。三月四日，本庭送判词给当事人。当时松本君平回国无人，代理人熊垓也不收令，最终无奈只能送到介绍人冈田朝太郎的手中。① 关于这个金融诈骗案件，民国四年（1915年）六月二十二日，京师地方审判厅经过审理判决熊垓、王西园、陈锦荣等人涉嫌伪造文书、欺诈钱财及吸食鸦片罪。该案中，冈田朝太郎、安藤万吉和松本君平也是知情共犯，但因这三人是日本人，所以京师地方审判厅并未将这三个人列为公诉被告，而是做出了"另行详部核办"的处理。②

从以上的案件经过来看，冈田朝太郎之所以被牵扯到这个案件中，是因为冈田朝太郎、安藤万吉和熊垓曾于民国三年（1914年）六月三十日签订

① 详细内容请参见中国第二历史档案馆整理编辑．政府公报（影印本）第五十九册，1915年6月（第1116号-1129号）[Z]．上海：上海书店，1915年6月27日第1126号：432-433。

② 中国第二历史档案馆整理编辑．政府公报（影印本）第五十九册，1915年6月（第1116号-1129号）[Z]．上海：上海书店，1915年6月27日第1126号：433。

过一份"备忘录"①，备忘录中的第四条约定："诉讼或和解所得……由熊律师先行管理。之后由松本君平、冈田朝太郎、王西园及其代理人见面之后再行分割。"京师地方审判厅认为冈田朝太郎、熊垓和松本君平等明知存票为伪造，仍故意以此欺诈继家，并蓄意分割违法所得，他们的行为损害了社会上的信用关系，即为本案中的被害法益。被告人熊垓辩称民庭判决及检察厅既然认定存票上的"子云"和借券上的"张祥福"并无其人，那么就无被害之法益，因此并没有触犯刑法上的伪造私文书之罪。但京师地方审判厅提出刑法之所以处罚伪造文书者，因为伪造文书者破坏了社会上的信用关系。因此即使伪造文书中的名义者是虚无之人，只要被伪造的人名足以使人相信是真实存在的，那么被伪造的文书的使用就会产生社会信用之实害，因此熊垓的辩解是苍白无力的。熊垓一案中，存票上的"子云"二字和借券上的"张祥福"三字，见到此的人便知这是人的名字，而绝不是木偶、铜像或为鬼神之名。这些足以使人相信"子云"和"张祥福"是确实存在的人，因此必然会发生重大的实害。熊垓等人诈财未遂，出于他们自己的意外。但熊垓恬不知耻，反以并不存在名叫"子云"和"张祥福"的人来竭力否认自己触犯了刑法上的伪造文书欺诈取财罪。熊垓在这一法律要点上竭力狡辩，从某种角度来看，这正证明了熊垓明知存票和借券是伪造的事实。熊垓犯罪属于高等犯罪，其身为律师，将国家法律变成自己犯罪的护身符，其社会危害巨大。②《政府公报》中的判决书指出冈田朝太郎和熊垓

---

① "备忘录"在日语中叫"觉书"。这份备忘录的具体内容是：一、信托公司对继家案件由熊律师尝试和解。若和解不成，继续提起诉讼。二、和解大致以九万两作为标准，由熊律师酌情增减。三、诉讼或和解所得扣除诉讼费用及垫付金。剩余部分金额的十分之二作为熊律师的报酬。四、诉讼或和解所得，如果是现银及有价证券，存于横滨正金银行的北京分店。如果是土地、房屋，由熊律师先行管理。之后由松本君平、冈田朝太郎、王西园及其代理人见面之后再行分割。五、本备忘录一式三份，署名人各自持有一份。这份备忘录的签署时间是民国三年六月三十日，署名人是冈田朝太郎、安藤万吉和熊垓。

② 详细内容请参见中国第二历史档案馆整理编辑. 政府公报（影印本）第五十九册，1915 年 6 月（第 1116 号-1129 号）[Z]. 上海：上海书店，1915 年 6 月 27 日第 1126号：447。

关于诉讼或和解的所得如何分割的问题进行确认的书信往来，是证明熊垓和冈田朝太郎明知事情真相而试图诈取钱财的重要证据。① 但笔者仔细查阅了冈田朝太郎于民国四年（1915 年）五月二十四日向日本外务省司法部提交的对涉嫌金融诈骗案件的解释说明书，发现冈田朝太郎虽然提交了自己在民国二年及三年记载的日记簿两本，交代了部分书信往来的内容，但他与熊垓关于诉讼或和解的所得如何分割的问题进行确认的书信内容却没有见到，这仍需进一步核查。

尽管如此，笔者认为从以上案情中能断定冈田朝太郎是知情共犯、参与诈骗，具体分析如下：

第一，如果冈田朝太郎只是简单的律师介绍人，他是不可能参与民国三年六月三十日签订的备忘录，并参与诉讼或和解所得的分割。在冈田朝太郎提交给日本外务省司法部的关于此案件的说明书中，冈田朝太郎交代松本君平曾向自己提出"如果平摊诉讼费的话，就平分所得"的要求，冈田朝太郎断然拒绝了。② 但之后，冈田朝太郎还是参与到备忘录的制定中，与松本君平等人约定共同分割诉讼或和解所得。这其中变化的原因冈田朝太郎并没有给予说明。另外，在说明书的第一节中，在说明自己和松本君平的关系时，冈田朝太郎是这样介绍的："松本君平曾就信托公司对继家案件征求我的法律意见，并委托我介绍擅长民事诉讼的律师。在这之前，我们两人之间没有任何特殊的关系。"③ 冈田朝太郎之所以相信松本君平，那是因为"松本君平是静冈县出身的众议院议员，是名声很好的绅士。因

① 详细内容请参见中国第二历史档案馆整理编辑．政府公报（影印本）第五十九册，1915 年 6 月（第 1116 号-1129 号）[Z]．上海：上海书店，1915 年 6 月 27 日第 1126 号：446。

② 详细内容请参见 [日] 外务省记录《外国官厅に於テ本邦人雇入関係雑件/清国之部》第四卷（一）（3 门 8 类 4 项 16—2 号）[A]．东京：日本外务省外交史料馆，其中冈田朝太郎关于此案件的说明书部分的第 9 页。

③ 详细内容请参见 [日] 外务省记录《外国官厅に於テ本邦人雇入関係雑件/清国之部》第四卷（一）（3 门 8 类 4 项 16—2 号）[A]．东京：日本外务省外交史料馆，其中冈田朝太郎关于此案件的说明书部分的第 9-10 页。

此，冈田我当时丝毫都没有怀疑松本君平的人格。"①如果将问题再向前推进一步，就会发现疑点。因松本君平经常不在北京，其信托公司的多数事务由冈田朝太郎管理。在管理信托公司事务的过程中，曾出现冈田朝太郎难以忍受其烦，提出让安藤万吉来管理信托公司事务。可见信托公司的事务还是比较繁杂的。如果冈田朝太郎和松本君平没有什么特殊关系，或者没有什么共同利益的话，很难找到冈田朝太郎要替松本君平管理信托公司事务的理由。也许在一开始，冈田朝太郎并不知情。但自从冈田朝太郎参与备忘录的签署的那一刻开始，就意味着冈田朝太郎是肯定了解整个案件并参与诈骗了。

第二，如果松本君平持有的存票和借券是真实的，松本君平决不会将自己拥有的债权以较低的金额和解。松本君平依据借券对张祥福持有十万两的债券。经过四个月后，转为对子云的十八万两的债权。在备忘录中，他们商定的和解标准是九万。松本君平因借券贷出的数额是十万两。这其中就有一万两的差距。另外再加上四个月的利息、诉讼费及律师报酬等，又在二万两之上。松本君平持有超过债权额之典质物，却对富有偿还能力的债务人做出如此具大而无理由的让步，这足以证明该债权是不切实的。存票和借券是伪造的事实就不证自明了。

第三，在民庭第一次诉讼记录中有继家声称并无此项债务，何能凭空拿出敲诈勒索的记载字据来。熊垵败诉之后，主张另行起诉，但仍不以张祥福为被告人，并说张祥福到案与否，与本案没有多大关系。从中可见，熊垵明知并无张祥福其人。冈田朝太郎作为日本法律专家，定能看出其中破绽。在这种情况之下，仍然与熊垵等人签定分割诉讼或和解所得的备忘录，可见冈田朝太郎是知情共犯。

第四，如果王西园只是很单纯的证人，也不会参与诉讼或和解所得

---

① 详细内容请参见[日]外务省記録《外国官庁に於テ本邦人雇入関係雑件/清国之部》第四卷(一)(3門8類4項16—2号)[A].东京：日本外务省外交史料館，其中冈田朝太郎关于此案件的说明书部分的第12页。

的分割。①

第五，在该案中，曾出现过冈田朝太郎替松本君平垫付熊垓的律师费用，熊垓替松本君平垫付诉讼费用等细节，这在某种程度上说明冈田朝太郎、松本君平和熊垓之间已不是一般的代理律师与原告等的关系。

综合以上信息，笔者认为冈田朝太郎涉嫌诈骗，是本案中的知情共犯。同时该案也能证明其在华后期工作状态存在着一定的问题。在1915年1月日本向北洋政府提出了二十一条、中日关系恶化的大背景下，另因涉嫌该案，冈田朝太郎于大正四年九月(1915年9月)返回日本，结束了长达九年的在华生活。

---

① 详细内容请参见中国第二历史档案馆整理编辑．政府公报（影印本）第五十九册，1915年6月（第1116号-1129号）[Z]．上海：上海书店，1915年6月27日第1126号：434-435。

结　语

在本书中，笔者试图研究冈田朝太郎在清末法制变革中所从事的活动及所产生的影响。冈田朝太郎作为清末法制变革中被重金聘请来华的日本专家，其法律思想及对中国现状的认知程度对中国法制的近代转型产生了较大的影响。

首先，从冈田朝太郎其人入手。回顾冈田朝太郎来华前的经历，从中发现其在日本法典调查会曾担任过委员，参与过日本法制变革工作。从冈田朝太郎的求学经历来看，他选择在东京外国语学校学习法语、之后进入帝国大学法科大学学习法国法，充分体现了冈田朝太郎追随时代潮流、喜欢探索求新的性格特征。其从 1905 年 5 月 23 日开始参与到"帝大七博士事件"中的行为充分体现了其爱好言论自由的个性。剖析冈田朝太郎的学术思想发现，其主要学术思想具有明显的新派主观主义思想的色彩，另外还留有旧派客观主义的痕迹。冈田朝太郎对少年犯罪的处理思路、对未遂犯的"得减主义"的处罚意见、对冤狱者进行国家赔偿的思想主张、对缓刑制度的大力推介，都体现了其刑法思想"新、快"的特色，但同时也暴露了其刑法思想缺乏实证性、具有不彻底性的弱点。这些最新的思想主张都较大程度地体现在《大清新刑律》草案中。在其学术研究中，比较研究是其重要的研究方法，极大地推动了当时日本学术界对外国刑事立法及其理论的了解。也正因为此，冈田朝太郎才愿意来华，将中华法系纳入他的研究范围。

其次，笔者竭力重现冈田朝太郎应聘来华的过程。从冈田朝太郎的来华动机来看，通过来华帮助修订法律以实现其在日本无法实现的刑法思想，构成了冈田朝太郎来华动机的主要方面。在应聘过程中，双方就应聘职名和薪金发生了争议。在应聘职名上，清政府给予的职名为"法律学堂教习兼钦命修订法律馆调查员"，并没有出现"顾问"字样，其中"钦命修订法律馆调查员"还是一个兼职名，这让冈田朝太郎不满。另外通过分析沈家本和杨枢之间来往的电文内容，对比在冈田朝太郎之前应聘来华的日本专家的工资构成和水平，笔者发现冈田朝太郎对薪金也提出过异议，但从最终签订的合同内容来看，冈田朝太郎的应聘职名和薪金并没有重大变化。冈田朝太郎能对应聘职名和薪金不过分计较，可见其来华的态度是积极主动的，但可惜的是，在其来华之前，对中国的法制状况和清政府的统治模式、法制变革的目的并没有充分而清醒的认识。

再次，笔者介绍了冈田朝太郎参与法制变革的具体情况。在和清政府签订完合同之后，冈田朝太郎就踏上了来华之行。从 1906 年 10 月开始，积极投入到清末法制变革中。清末法制变革中，刑律改革是重中之重，冈田朝太郎是刑法专家，参与刑律改革就成了他的工作重心。在起草《大清新刑律》草案的过程中，突然产生了起草《法院编制法》的必要，于是起草《大清新刑律》草案的工作被迫中断。在完成《法院编制法》草案之后，冈田朝太郎又继续起草《大清新刑律》草案，最终于 1907 年 8 月上旬完成了《大清新刑律》草案的全部起草工作。该草案完成之后，修订法律馆将其公布，广泛征询京师各官厅及京外督抚的意见。到 1909 年初，收集了许多来自中央和地方的签注，虽然这些签注以及礼教派代表人物劳乃宣从各个角度对冈田朝太郎完成的《大清新刑律》草案提出了众多意见，但并未对该草案的整体结构和立法主导思想形成冲击。此后该草案又经过四次修改，最终于 1911 年 1 月 25 日被颁布。纵观五次修改历程，其最大的变化之处是关于暂行章程的增删及是否将"无夫奸"有罪化并放入正文的问题。

冈田朝太郎起草完成的《大清新刑律》草案在形式上将近代大陆法系的刑事立法体例引入我国，采取了总则和分则并列的立法技术，同时将总则中关于"罪"和"刑"的相关规定的顺序进行了更为合理的调整。在内容上，引入了新的刑法原则，即罪刑法定主义原则、罪刑相适应原则和刑罚人道主义原则，引入了一些新的刑罚制度例如缓刑、假释等，还调整了无期徒刑和死刑的执行方法等。另外冈田朝太郎还根据当时社会的发展潮流，新增加了一些罪名规定，例如妨害交通罪、妨害卫生罪、妨害安全信用名誉及秘密罪等，体现了新的社会文明。同时还调整了一些旧的罪名规定，其中备受争议的部分自然是关涉中国礼教的一些条文的取舍问题，如子孙违犯教令、故杀子孙、无夫奸等。在礼法之争中，冈田朝太郎还发表一系列文章对中国刑律中重视礼教的问题进行抨击，推动中国刑律文化走向新的文明。之后虽因清政府消亡导致《大清新刑律》颁而未行，但在此后又对《大清新刑律》草案进行了四次修改，分别成案于 1912 年、1915 年、1918 年、1928 年。1928 年的《中华民国刑法》，最终以正式刑法典的形式认可了《大清新刑律》的立法成果。无巧不成书，1928 年 1 月，距离 1915 年 9 月冈田朝太郎自北京回国的时间已经有 13 年之久，著名媒体实业的日本出版社①对社会名流进行调查，当这位历经风霜的学者被提问到"自己已走过的大半生中最高兴的事"时，冈田朝太郎给予了简洁有力的答案是自己编纂的刑法在中华民国被实施，可见我国刑律改革在冈田朝太郎先生心中的分量是相当重的。②

在参与修律活动中，冈田朝太郎除了起草《大清新刑律》草案之外，还起草了《法院编制法》草案和《大清刑事诉讼律》草案，这两个法典也是具有里程碑性质的近代法典，为我国司法制度现代化奠定了基础。

冈田朝太郎在华期间，除了从事起草法律草案外，还在京师法律学堂等学堂担任多门法学课程的教学工作，有时还指导修订法律馆馆员业务。尽管其后期工作状态出现了一些问题，但笔者认为冈田朝太郎还是在清末法制变革中有力地推动了我国法制向前发展，通过起草《大清新刑律》草案、《法院编制法》草案和《大清刑事诉讼律》草案，将

---

①　《实业的日本》杂志创刊于 1897 年 6 月 10 日。1965 年之后，该杂志社又增加发行了《妇人世界》、《日本少年》、《少女の友》、《幼年の友》等杂志。

②　[日]冈田朝太郎. 我社の質問に名士の回答[J]. 実業の日本，1928 年第 31 卷第 1 号：142.

西方先进的理念和制度引入到我国，为我国法制的发展开启了新纪元。在修订法律馆指导馆员业务，促进中国法制建设快速发展。在京师法律学堂授课，普及先进的法律知识。但纵观冈田朝太郎为我国起草的《大清新刑律》草案，其中不乏有脱离中国当时实际的若干规定，例如对聋哑者和老人的宥减、刑事责任年龄中的绝对无责任年龄、罚金刑、伪证及诬告之罪、国交罪、吸食鸦片罪和共同犯罪等的规定，另外还涉及"礼法之争"中的一些问题。《法院编制法》草案和《大清刑事诉讼律》草案也因其法条规定超前，和中国当时的现状脱节，而变得难以适用，但因当时的清政府迫切需要一系列新式的法律来应付其统治危机，所以这些新式法典被纷纷颁布。在参与法制变革的过程中，冈田朝太郎有过度传播西方先进的法律思想、而忽视对中国传统法律文化和现状关注的倾向，产生这种倾向的一个重要原因是冈田朝太郎虽然通晓西方法律文化，但对中国传统法律文化却了解不多，所以新制定出来的法典和中国传统法律文化和现状有较多脱节的现象，这也是难以避免的事情。在中国法制向近代迈出第一步时，冈田朝太郎能在非常短的时间内就完成了相关法律草案的起草工作，最终完成的法律能基本引领中国社会向前发展，已是很难能可贵了。我们应该感谢前人为我们所做的努力，至少其指引的法制发展方向是正确的，顺应了时代发展的潮流。在方向正确的前提下，出现法律与社会不适应性的现象，这是社会飞速转型时期的正常表征，这时期的"阵痛"是无法避免的。但我们国人可以依靠自己的力量通过后期积极探索和不断调整的方式来缩短"阵痛"的时间、降低"阵痛"的疼痛级别。换言之，冈田朝太郎的一系列修律活动是在萧功秦所认为的"制度决定论"的思想倾向支配下开展的，一定程度上脱离了实际。"制度决定论"思想倾向最基本的特点是"在肯定异质文化中的某一种制度功效的同时，却忽视了该种制度得以实现其效能的历史、文化、经济和社会诸方面的前提和条件。也就是说，'制度决定论'仅仅抽象地关注制度的'功效'与选择该制度的'必要性'之间的关联，而忽视了实现该功效的种种条件的关联。一种制度可实施的可行性与实效性，又恰恰不能脱离这些条件。"①作为一名外国专家，冈田朝太郎通晓西方法律文化，并曾因将西方先进的法律文化引入日本而大获学术上的成功，这无形之中加深了冈田朝太郎对西方法律文化先进性和功效性的认同度。当时日本明治政府也已经历过锐意改革的高潮，曾以极快的速度引进了大量的外国法律文化而获得政治上的成功。在这样的时代背景之下冈田朝太郎应邀来华，就会自然觉得中国也应该像日本一样，积极吸收西方法律文化，大踏步地跨入近代化。孰料中国和日本是两个不同的民族，有着不同的国情，对中国历史和现状不甚了解的冈田朝太郎低估了传统法律文化在中国社会的强大力量，错误地估计了中国社会的发展动向。他似乎忘却当初来研究中华法系的目标，对中国的传统法律文化一律视为"落后文化"，而进行大刀阔斧地删减，试图在中国全面推广西方先进法律文化，他甚至忘却了他所钟爱的对比研究的方法是以不同国家的不同法律文化为前提的，匆忙而混乱的改革岁月甚至让他忘记了当初的来华任务和身份。历史已经过去，但留给后人的却是无尽的思考，清末法制变革的过程时时刻刻警示我们要制定出能高效推动中国社会循序向前发展的法律，只有一方面不断输入世界最新法律文化、取人之长，另一方面不忘自身民族文化之地位，会通东西，贯通古今。只有这样才能使新制定出来的法律拥有长久的生命力，因为"虽然国际主义是未来当然的发展方向，但其出发点却是民族的"②。

① 萧功秦. 危机中的变革[M]. 广州：广东人民出版社，2011：156.
② ［意］萨尔沃·马斯泰罗内编. 一个未完成的政治思索：葛兰西《狱中札记》[M]. 黄华光，徐力源，译. 北京：社会科学文献出版社，2000：29-30.

附　　录

1. 冈田朝太郎学术生平与清末法制变革
立法关系略年表

　　下表是综合黄源盛老师《清末民初近代刑法的启蒙者——冈田朝太郎》一文中的附录内容①和周少元老师著作《中国近代刑法的肇端——〈钦命大清刑律〉》中的附录内容②，再添附上笔者的最新研究成果汇总而成的。

和历	中国历	西历	记　　事
明治元年	同治七年	1868 年	5 月 29 日，冈田出生于旧大垣藩士之家，为冈田平八之长子
明治十二年	光绪五年	1879 年	冈田因家道中落，小学中辍 3 年，充当见习陶器画工
明治十三年	光绪六年	1880 年	由保阿索那特起草，继受法国刑法典的(1810 年拿破仑刑法典)第一部近代日本刑法典《旧刑法》公布，1882 年起实施
明治十五年	光绪八年	1882 年	冈田进入东京外国语学校学习法语

　　① 详细内容请参见黄源盛. 清末民初近代刑法的启蒙者——冈田朝太郎[A]. 黄宗乐教授六秩祝贺——基础法学篇[C]. 台北：学林出版公司，2002：185-188.
　　② 详细内容请参见周少元. 中国近代刑法的肇端——《钦命大清刑律》[M]. 北京：商务印书馆，2012：318-319.

续表

和历	中国历	西历	记　事
明治二十三年	光绪十六年	1890年	由保阿索那特完成的《日本民法草案》(旧民法)，本预定于1893年实施，引起"法典论争"，延期派获胜
明治二十四年	光绪十七年	1891年	7月，冈田毕业于东京帝国大学，其专业方向为法国法，旋入大学院专攻刑法，研究方向为刑事人类学
明治二十六年	光绪十九年	1893年	东京帝国大学法学院设立专门的刑法讲座，9月，冈田受聘为首任专任讲师
明治二十七年	光绪二十年	1894年	5月30日，冈田升任东京帝国大学副教授，担任刑法、刑事诉讼法讲座，并兼任各私立法律学校刑法教职。同年6月，出版《日本刑法论·总则之部》，共1134页
明治二十九年	光绪二十二年	1896年	冈田专著《日本刑法论·分则之部》刊行，共1142页
明治三十年	光绪二十三年	1897年	冈田赴法、德、意等国进修，在德期间，师从刑法学大家李斯特(Franz Von Liszt，1851—1919年)
明治三十一年	光绪二十四年	1898年	日本《新民法》公布施行
明治三十三年	光绪二十六年	1900年	7月，冈田游学归国，7月21日，升任东京帝国大学教授。11月，兼职"法典调查会"整理委员
明治三十四年	光绪二十七年	1901年	冈田《刑法总则讲义》出版。同年6月29日获颁东京帝国大学法学博士学位
明治三十五年	光绪二十八年	1902年	冈田《缓刑》专文，发表于日本《内外论丛》第1卷第3—4号
明治三十六年	光绪二十九年	1903年	冈田《刑法讲义》(全集)出版
明治三十八年	光绪三十一年	1905年5月23日—9月21日	冈田参与日本著名的"帝大七博士事件"

和历	中国历	西历	记　事
明治三十九年	光绪三十二年	1906 年春	日本专家严谷孙藏起草总则部分、修订法律馆中国专家董康和章宗祥完成剩余的大部分内容，形成《大清新刑律》预备案。该草案以日本 1880 年旧刑法为蓝本，已显过时，故为以后各案所不取
明治三十九年	光绪三十二年	1906 年	9 月 29 日，冈田应清政府礼聘到北京出任"京师法律学堂教习兼修订法律馆调查员"，协助修订法律大臣沈家本从事立法调查、法律教育以及近代法典编纂工作，并参与起稿《大清新刑律》、《法院编制法》和《大清刑事诉讼律》。同年，东京帝国大学刑法讲座由牧野英一接任
明治四十年	光绪三十三年	1907 年	以 1871 年德国刑法典为蓝本的日本《现行新刑法》于四月公布，翌年十月起施行
明治四十年	光绪三十三年	1906 年末开始起草《法院编制法》，1907 年 2 月末完稿（日语版），1908 年其汉译本完成	因"部院之争"，冈田被迫中止《大清新刑律》草案的起草，开始紧急起草《法院编制法》。在未经认真推敲的状况之下，提交了《法院编制法》草案
明治四十年八月上旬	光绪三十三年八月上旬	1907 年 8 月上旬	冈田完成《大清新刑律》草案，共 53 章、387 条，后附《律目考》。该案以日本 1907 年新刑法为蓝本。此案乃后来各案之基础，后又经过五次修改
明治四十一年	光绪三十四年	1908 年	冈田日本版《法学通论》出版
明治四十二年	宣统元年	1909 年	冈田《清国宪政施行问题について》专文，发表于日本《国际法雑誌》第 8 卷第 6 号
明治四十三年	宣统元年十二月二十三日	1910 年 2 月 2 日	针对冈田 1907 年完成的《大清新刑律》草案，修订法律馆和法部在汇总京师和地方签注的基础上，形成了《大清新刑律》第二案。该案的最主要变化是加入了着重维护礼教风俗的附则五条

和历	中国历	西历	记　事
明治四十三年	宣统二年	1910 年	宪政编查馆在《大清新刑律》第二案的基础上修正而成第三案。该案最主要的变化是将附则改为暂行章程
明治四十三年	宣统二年	1910 年	冈田《清国の刑法草案について》专文，发表于日本《法学志林》第 12 卷第 2 号
明治四十三年	宣统二年	1910 年	冈田《清国の将来に就て》专文，发表于日本《国际法雑誌》第 9 卷第 7 号
明治四十三年	宣统二年	1910 年	冈田主草的《大清刑事诉讼律》草案完成
明治四十三年	宣统二年末	1910 年末	资政院法典股审查《大清新刑律》前三案后修正润色而成第四案。第四案的最主要的变化是删除了暂行章程
明治四十四年	宣统二年十二月	1911 年初	资政院会上三读通过《大清新刑律》第四案的总则，分则因闭会时间已至，未及议完。故分则仍为第四案分则。第五案的最大变化是将"无夫奸"有罪化并放入正文
明治四十四年	宣统二年十二月二十五日	1911 年1 月 25 日	宪政编查馆对《大清新刑律》第五案进行过了修订，经清政府裁可后颁布了最终的第六案，即正式的《大清新刑律》。钦命第六案的最主要变化是恢复了第四案被删除的暂行章程，但对第五案"无夫奸"进入正文的决议没有采纳。《大清新刑律》是清政府为未来新政体准备的新刑法，故当时颁而未行
明治四十四年	宣统三年	1911 年	冈田《清国修正刑律草案（总则）》专文，发表于日本《法学協会雑誌》第 29 卷第 3 号
明治四十四年	宣统三年	1911 年	冈田《（雑報・法理研究会记事）清国法律谈》杂文，发表于日本《法学協会雑誌》第 29 卷第 3 号

续表

和历	中国历	西历	记　事
明治四十四年	宣统三年	1911 年	冈田《清国既成法典及び法案について》专文，发表于日本《法学志林》第 13 卷第 8、9 号
明治四十四年	宣统三年	1911 年	冈田《论〈大清新刑律〉重视礼教》专文，发表于中国《法学会杂志》第 1 卷第 3 期
明治四十四年	宣统三年	1911 年	冈田中文版《法学通论》印行，（汪庚年编《京师法律学堂讲义·法学汇编》第一册，北京顺天时报馆印刷）
大正元年	民国元年	1912 年	在《大清新刑律》的基础上，对与民国国体抵牾部分稍作修改后以《中华民国暂行刑律》之名予以施行
大正二年	民国二年	1913 年	冈田编辑并发行《中华民国暂行新刑律》（附参考法令 14 类 220 则）
大正三年	民国三年	1914 年	袁世凯解散国会，渐露帝制自为之心，乃命章宗祥、汪有龄、董康等组织"法律编查会"，提议修正刑法并礼聘冈田参与草拟修正刑法草案，以资熟手
大正四年二月	民国四年二月	1915 年 2 月	民国修正刑法草案全编告成，计《总则》17 章、《分则》38 章，共 432 条。该草案有复古倒退倾向，并未颁布
大正四年九月	民国四年九月	1915 年 9 月	冈田自北京返日，计在华 9 年。冈田返回日本后，仍受民国"修订法律馆"之嘱托，从事相关工作。并辞去东京帝国大学教授一职，转任早稻田、明治大学等学校兼职教授
大正六年	民国六年	1917 年	冈田《日支亲善策》专文，发表于中国书籍《他山百家言》[上卷(三)]
大正七年	民国七年	1918 年	民国刑法第二次修正案完稿，该案回归《大清新刑律》立法风格。但该案并未颁布

续表

和历	中国历	西历	记　事
大正八年	民国八年	1919 年	民国改定刑法第二次修正案完稿
大正十三年	民国十三年	1924 年	冈田于大正十三及十四年，出版针对日本新刑法而写的最后一本学术著作《刑法论》，含《刑法总论》与《刑法各论》
昭和三年一月	民国十七年一月	1928 年 1 月	冈田的简短感想《我社の質問に名士の回答》发表于日本《実業の日本》第 31 卷第 1 号
昭和三年三月	民国十七年三月	1928 年 3 月	《中华民国刑法》(旧刑法)于 3 月 30 日公布，同年 7 月 1 日施行。该案以正式刑法典的形式认可了《大清新刑律》的立法成果
昭和十年一月	民国二十四年一月	1935 年 1 月	《中华民国刑法》于 1 月 1 日公布，同年 7 月 1 日施行
昭和十一年十一月十三日	民国二十五年十一月十三日	1936 年 11 月 13 日	冈田去世，享年 69 岁

2. 冈田朝太郎聘用合同

冈田朝太郎和驻日公使杨枢于光绪三十二年七月二十六日[明治三十九年(1906年)九月十四日]正式签订了合同, 合同的具体内容如下:①

大清国

钦差出使日本国大臣杨枢　代

钦命修订法律大臣沈家本、伍廷芳聘订

大日本东京帝国大学法科大学教授、法学博士冈田朝太郎为

北京法律学堂教习兼钦命修订法律馆调查员所有合同条款开列于左(注:因原合同是竖着写的, 而不是现代的横写, 因此是"开列于左"):

第一则　该员到中国后应受法律学堂监督节制, 遵守奏定学堂章程及本学堂章律事宜。此外民商等法遇有嘱托亦应竭力相助。

第二则　该员在学堂教授刑法及刑事诉讼法, 按照本学堂学期授业预定表及时刻与各教习分任课目。

第三则　该员应受薪水分列如左。

由法律学堂每月致送薪水银圆六百圆。

由法律馆每月致送薪水银圆二百圆。②

本学堂法律馆未备该员居住相当官房, 每月另送房租银圆五十圆, 但住房未满一个月须按日扣算。

以上三项俱已到北京之第二日起算, 按照中国历于每月月底致送。所有食膳车马雇役一切费用及住房内桌椅等件俱由该员自理。

---

①　本资料来源于[日]外务省記録《外国官庁に於テ本邦人雇入関係雑件/清国之部》第四卷(一)(3門8類4項16—2号)[A]. 东京: 日本外務省外交史料館。

②　从该合同第三则的内容来看, 冈田朝太郎的工资构成有一定的表面敷衍性。冈田朝太郎来华的重要目的是帮助清政府编纂刑律草案, 但其在修订法律馆的工资明显低于其在法律学堂的工资。

第四则　本合同以满三年为期限，限满续订与否由本学堂及法律馆临时酌定。

第五则　该员如未经修律大臣及法律学堂监督许可，接连一月未能从事第一则、第二则所揭职务时薪水减半，尚再接连旷课二月，则本合同作废。

第六则　该员非有疾病及意外事故不得于合同期限内借端辞职，如或自愿解职，须于三个月前预先声明，不得临时告辞。

前项自行辞职不得要求川资。

第七则　本学堂及本馆除因该员有违背合同及旷课满三个月可将该员辞退外，不得于合同期限内无端解约。

但本学堂及本馆如有意外事故不能履行合同之时可临时将该员辞退，除送川资银圆四百圆外，另送六个月薪水以示格外优待之意。

第八则　该员自照本合同应聘后，当于起程来中国时致送川资银圆四百圆以为一切旅费。

如合同期满不再续订，归国时亦致送川资银圆四百圆。其常年暑假年假时旅行归国等费，俱由该员自理。

第九则　该员在合同期限内非经法律大臣及监督许可不得兼他业，亦不得在外另收生徒。

第十则　本合同分缮汉文四份，署名盖印，一存该员，一存使署，一存法律学堂，一存法律馆，以昭信守。

第十一则　本合同中如有未尽事宜，俟该员到北京后与修律大臣随时商订。

附则　本合同所称银圆系为重库平七钱二分之中国现行银圆。

大清国钦差出使日本国大臣杨枢　　代署名

钦差修订法律大臣沈家本，伍廷芳　　订

大日本国东京帝国大学法科大学教授，法学博士冈田朝太郎　署名

光绪三十二年七月二十六日

明治三十九年九月十四日

参 考 文 献

一、日文及中文主要史料

[1][日]外務省記録《外国官庁に於テ本邦人雇入関係雑件/清国之部》第四巻(一)(3門8類4項16—2号)[A].东京：日本外務省外交史料館.

[2][日]東京帝国大学法科大学教授法学博士岡田朝太郎清国政府ノ招聘ニ応シ俸給ヲ受ケ並明治三十七年勅令第百九十五号第二項適用[A].东京：日本国立公文書館,1906年(明治三十九年)9月28日,請求番号：本館-2A-013-00・纂01005100,件名番号：020.

[3][日]東京帝国大学法科大学教授法学博士岡田朝太郎依願文官高等試験臨時委員被免ノ件[A].东京：日本国立公文書館,1906年(明治三十九年)10月5日,請求番号：本館-2A-019-00・任B00449100,件名番号：029.

[4][日]清国駐屯司令官神尾光臣より陸軍大臣寺内正毅宛駐屯軍報告第十七号,清国駐屯軍司令部秘参発第十九号[A].东京：日本国立公文書館アジア歴史資料センター,1906年(明治三十九年)7月9日.

[5][日]日本九州大学所蔵マイクロ資料：《岡松参太郎文書,R-8巻》[A].福岡：九州大学.

[6][日]読売新聞[N].1904-09-08(3),1906-10-04.

[7][日]法律新聞[N].1906-09-15.

[8]中国第二历史档案馆整理编辑.政府公报(影印本)第五十九册,1915

159

年 6 月(第 1116 号-1129 号)[A]. 上海：上海书店.

[9]法律大臣等为聘请日本法律教习致外务部驻日出使的片、电(外务部 2303 号)[A]. 北京：中国第一历史档案馆，1906 年 9 月 3 日(光绪三十二年七月十五日)潜字 338 号：法律大臣请代发驻日本杨大臣电.

[10]盛京时报[N]. 1908-05-13(光绪三十四年四月十四日).

二、冈田朝太郎所写文章及著作(按发表时间先后排列)

[1]公園の雀[C]. 出自福田滋次郎编《学窓閑話》，东京：晴光館，1902.

[2]汉译刑法讲义案[M]. 东京：有斐閣書房，1905 年(明治三十八年)3 月 11 日印刷，1905 年(明治三十八年)3 月 14 日发行.

[3]害の豫防[C]. 出自《战后经营》，东京：早稲田大学出版社，1905.

[4]満州の処分に関して[J]. 明治学報，1905 年第 93 卷.

[5]唐土や花は咲かねど冬の月[J]. 手紙雑誌，1908 年第 6 卷第 1 号.

[6]法学通论(卷九)[M]. 北京：修订法律馆，1908 年(光绪三十四年).

[7]清国憲政施行問題について[J]. 国際法雑誌，1909 年第 8 卷第 6 号.

[8]清国の刑法草案について[J]. 法学志林，1910 年第 12 卷第 2 号.

[9]清国の将来について[J]. 国際法雑誌，1910 年第 9 卷第 7 号.

[10]清国修正刑律草案(総則)[J]. 法学協会雑誌，1911 年第 29 卷第 3 号.

[11](雑報·法理研究会記事)清国法律談[J]. 法学協会雑誌，1911 年第 29 卷第 3 号.

[12]清国既成法典及び法案について[J]. 法学志林，1911 年第 13 卷第 8 号.

[13]论《大清新刑律》重视礼教[J]. 法学会杂志，1911 年第 1 卷第 3 期.

[14]大清刑法总则[M]. 北京：京师法学编辑社，1911.

[15]大清刑法分则[M]. 北京：京师法学编辑社，1911.

[16]清国の法制[J]. 刑事法評林，1911 年第 3 卷第 9 号.

[17]中華民国暫行新刑律[M]. 北京：国民大学·中華大学出版社，1913.

[18](雑報・法理研究会記事)中国の現行刑事法令の要領[J]. 法学協会
雑誌，1915 年第 33 巻第 12 号.

[19]日支亲善策[C]. 选自《他山百家言(上卷三)》，北京：中国实业杂
志，1917.

[20]我社の質問に名士の回答[J]. 実業の日本，1928 年第 31 巻第 1 号.

[21]硯友社時代を思ひ出す[J]. 文芸春秋，1934 年第 12 巻第 8 号.

[22]日本刑法改正案評論[M]. 胡长清，译. 上海：上海法学编译
社，1931.

[23]冈田朝太郎法学文集[M]. 娜鹤雅(点校). 北京：法律出版社，2015.

三、其他学者的相关研究成果

[1][日]岛田正郎. 清末における近代的法典の編纂[M]. 东京：創文
社，1980.

[2][日]宫坂宏. 清国の法典化と日本法律家—清末の刑法法典編纂の問
題について[C]，选自仁井田升博士追悼論文集(第 3 巻日本法とアジ
ア). 东京：勁草書房，1970.

[3][日]宫坂宏. 清末近代法典編纂と日本人学者——刑律草案と岡田朝
太郎[J]. 専修大学社会科学研究所月報，1967 年第 46、47 号(合刊).

[4][日]木村亀二. 忆冈田朝太郎博士[J]. 法律時報，1936 年第 8 巻第
12 号.

[5][日]牧野英一. 岡田朝太郎の永逝[J]. 法学協会雑誌，1936 年第 54
巻第 12 号.

[6][日]牧野英一. 岡田朝太郎[C]. 选自《理窟物语》，东京：日本評論
社，1940.

[7][日]塩田環. 清国法典編纂事情[J]. 法学志林，1908 年第 10 巻第
9 号.

[8][日]塩田環. 北京見聞録[J]. 法学協会雑誌，1908 年第 26 巻(下).

[9][日]西英昭. 岡田朝太郎について(附. 著作目録)[J]. 法史学研究会

会報，2010 年 3 月第 15 号.

[10]［日］西英昭. 清末民国時期法制関係日本人顧問に関する基礎情報
［J］. 法史学研究会会報，2008 年第 12 号.

[11]［日］中島三知子. 田能村梅士と冈田朝太郎：唱道者と実践者［J］.
尚美学園大学综合政策研究纪要，2013 年第 22、23 号.

[12]［日］有賀長雄. 清国留学生に告ぐ［J］. 外交時報，1908 年第 125 号.

[13]［日］青柳篤恒. 清国立憲私議［J］. 外交時報，1908 年第 126 号.

[14]［日］井関九郎. 大日本博士録（第一巻　法学及薬学博士之部）［M］.
東京：発展社，1921.

[15]［日］法律経済新報社編. 岡田博士の余技［C］. 选自《近世法曹界逸
話》，東京：法律経済新報社，1906.

[16]［日］日本カ行会編纂. 現今日本名家列伝［M］. 東京：日本力行会出
版部，1903.

[17]［日］松尾浩也. 日本刑法学者のプロフイール1 連載の始めに［J］. 法
学教室，1993 年第 4 期第 151 号.

[18]［日］宮武実知子.「帝大七博士事件」をめぐる輿論と世論：メディア
と学者の相利共生の事例として［J］. マス・コミュニケーション研
究，2007 年 1 月第 70 号.

[19]［日］穂積陈重. 法律の進化［C］. 选自《穂積陈重遺文集（第四冊）》，
東京：岩波書店，1934.

[20]［日］小林好信. 岡田朝太郎の刑法理論-1［J］. 法律時報，1979 年 7
月第 51 巻第 8 号（通巻第 622 号）.

[21]［日］小林好信. 岡田朝太郎の刑法理論-2［J］. 法律時報，1979 年 8
月第 51 巻第 9 号（通巻第 623 号）.

[22]［日］志田鉀太郎. 清国に赴任するに就て［J］. 保険雑誌，1908 年第
149 号.

[23]［日］田能村梅士. 清国法律改定の急要［J］. 明治法学，1902 年第
35 号.

[24][日]田能村梅士. 中国法制の研究[J]. 明治法学, 1903 年第 64 号.

[25][日]田能村梅士. 世界最古の刑法[M]. 法学博士岡田朝太郎発行, 刑事論集第 4 号. 东京: 有斐閣書房, 1904.

[26][日]中山敬一. 胜本勘三郎[J]. 法学教室, 1993 年第 6 期第 153 号.

[27][日]吉野作造. 清国在勤の日本人教師[J]. 国家学会杂志, 1909 年第 23 卷第 5 号.

[28][日]南里知樹. 中国政府雇用の日本人[C]. 选自《近代日中关系史料(第 2 集)》, 东京: 龍溪書舍, 1976.

[29][日]広池千九郎. 広池千九郎博士清国調査旅行資料集[M]. 东京: 法人財団モラロジー研究所, 1978.

[30][日]衛藤瀋吉, 李廷江. 近代在華日人顧問資料目録[M]. 北京: 中華書局, 1994.

[31][日]曽田三郎. 中華民国の誕生と大正初期の日本人[M]. 东京: 思文閣, 2013.

[32][日]多田利隆. 欧洲法在日本的接受和日本化[C]. 选自《东亚法律经济文化国际学术讨论会论文集》, 北京: 中国大百科全书出版社, 1993.

[33][日]日本外务省编纂. 日本外交文書第 39 卷第 1 册(明治三十九年一月—十二月)[M]. 东京: 日本国際連合協会, 昭和 34.

[34][日]法政大学百年史编纂委员会. 法政大学の100 年(1880—1980)[M]. 东京: 法政大学出版社, 1980.

[35][日]岡田朝太郎(口述). 刑法总则[M]. 熊元翰, 编, 张勇虹, 点校. 上海: 上海人民出版社, 2013.

[36][日]岡田朝太郎等口授. 检察制度[M]. 郑言笔述、蒋士宜编纂, 北京: 中国政法大学出版社, 2003.

[37][日]牧野英一. 日本刑法通义[M]. 陈承泽, 译. 北京: 中国政法大学出版社, 2003.

[38][日]小野清一郎. 刑法学小史. 刑罰の本質について. その他[M].

东京：有斐阁，1955.

[39]熊達雲．清末中国における日本人法律教員および法律顧問招聘の経緯について——京師法律学堂と修訂法律館による招聘を中心に[J]．山梨学院大学研究年報(社会科学研究)，2013年2月15日第33号.

[40]熊達雲．清末における中国法律の近代化と日本人法律顧問の寄与について—松岡義正と民事関係法律の編纂事業を中心にして[J]．社会科学研究，2013年第30号.

[41]熊達雲．松岡義正と北京「京師法律学堂」における民事法の教育について[J]．山梨学院大学法学論集，2014年3月10日第72、73号.

[42][美]任达．新政革命与日本—中国，1898—1912[M]．李仲贤，译．南京：江苏人民出版社，1998.

[43][意]萨尔沃·马斯泰罗内编．一个未完成的政治思索：葛兰西《狱中札记》[M]黄华光，徐力源，译．北京：社会科学文献出版社，2000.

[44]北京大学图书馆馆藏稿本丛书编委会．汪荣宝日记[M]．天津：天津古籍出版社，1987.

[45]上海商务印书馆编译所编纂．大清新法令(1901—1911)点校本(第一卷)[M]．上海：商务印书馆，2010.

[46]上海商务印书馆编译所编纂．大清新法令(1901—1911)点校本(第三卷)[M]．上海：商务印书馆，2011.

[47]沈云龙主编．近代中国史料丛刊第36辑．桐郷劳先生(乃宣)遗稿(卷2)[M]．贵阳：文海出版社，1966.

[48]朱寿朋编．光绪朝东华录(五)[M]．北京：中华书局，张静庐，等校点．1958.

[49]汪庚年．法学汇编·大清刑法总则[M]．北京：京师法学编辑社，宣统3年5月15日.

[50]汪庚年．法学汇编·大清刑法分则[M]．北京：京师法学编辑社，宣统3年5月15日.

[51]王健，编．西法东渐——外国人与中国法的近代变革[M]．北京：中

国政法大学出版社，2001．

[52]杜钢建．沈家本冈田朝太郎法律思想比较研究[J]．中国人民大学学报，1993(1)．

[53]李贵连．近代中国法律的变革与日本影响[J]．比较法研究，1994(1)．

[54]李贵连，[日]松田惠美子．清末の立法にみられる日本人法律家の影響[J]．名城法学，1996年第45卷第4号．

[55]李贵连．晚清立法中的外国人[J]．中外法学，1999年(4)．

[56]李贵连．二十世纪的中国法学[M]．北京：北京大学出版社，1998．

[57]曲新久．刑法的精神与范畴[M]．北京：中国政法大学出版社，2000．

[58]高汉成．签注视野下的大清刑律草案研究[M]．北京：社会科学出版社，2007．

[59]高汉成主编.《大清新刑律》立法资料汇编[M]．北京：社会科学文献出版社，2013．

[60]刘雨珍，孙雪梅编．日本政法考察记[M]．上海：上海古籍出版社，2002．

[61]李海东，主编．日本刑事法学者(上)[M]．北京：中国法律出版社，东京：日本国成文堂，联合出版，1995．

[62]黄源盛．法律继受与近代中国法[M]．台北：元照出版有限公司，2007．

[63]黄源盛．清末民初近代刑法的启蒙者—冈田朝太郎[A]．黄宗乐教授六秩祝贺——基础法学篇[C]．台北：学林出版公司，2002．

[64]黄源盛，纂辑．晚清民国刑法史料辑注[M]．台北：元照出版有限公司，2010．

[65]李启成．冈田朝太郎与晚清废除比附援引——兼论法律进化论在近代中国的影响[C]．中国法律史学会2012年学术年会论文集(下)，南京师范大学法学院2012年11月10—11日．

[66]汪向荣．日本教习[M]．北京：生活、读书、新知三联书店，1988．

[67]章宗祥．新刑律颁布之经过[C]．选自《文史资料存稿选编(晚清·北

洋(上)》，北京：中国文史出版社，2002.

[68]沈家本. 寄簃文存[M]. 北京：群众出版社，1985.

[69]娄献阁，朱信泉，主编. 民国人物传(第10卷)[M]. 北京：中华书局，2000.

[70]汪向荣. 中国的近代化与日本[M]. 长沙：湖南人民出版社，1987.

[71]中国人民政治协商会议全国委员会文史资料委员会编. 文史资料存稿选编(晚清·北洋(上))[M]. 北京：中国文史出版社，2002.

[72]朱勇. 中国法律的艰辛历程[M]. 哈尔滨：黑龙江人民出版社，2003.

[73]谢怀栻. 德意志联邦共和国民事诉讼法[M]. 北京：法律出版社，1984.

[74]华夏，等. 日本的法律继受与法律文化变迁[M]. 北京：中国政法大学出版社，2005.

[75]陈煜. 清末新政中的修订法律馆：中国法律近代化的一段往事[M]. 北京：中国政法大学出版社，2009.

[76]吴泽勇. 清末修订《法院编制法》考略——兼论转型期的法典编纂[J]. 法商研究，2006(4).

[77]周少元. 中国近代刑法的肇端——《钦命大清刑律》[M]. 北京：商务印书馆，2012.

[78]史洪智. 日本法学博士与清末新政——以交往、舆论与制度转型为视角[J]. 河南大学学报(社会科学版)，2013(1).

[79]范忠信. 沈家本与新刑律草案的伦理革命[J]. 政法论坛(中国政法大学学报)，2004(1).

[80]刘晓冬. 冈田朝太郎与中国刑法近代化[D]. 天津商业大学硕士论文，2016.

[81]萧伯符，主编. 中国法制史[M]. 北京：人民法院出版社，2003.

[82]张从容. 析1910年法院编制法[J]. 暨南学报(哲学社会科学)，2003(1).

[83]田涛，郑秦，点校. 大清律例[M]. 北京：法律出版社，1998.

［84］薛允升. 唐明律合编［M］. 北京：法律出版社，1999.

［85］祝庆祺，鲍书芸，潘文舫，何维楷，编. 刑案汇览三［M］. 北京：北京古籍出版社，2004.

后　记

行文至此，本人感慨万千。这本书能得以出版，离不开许多人的支持和帮助。

首先想起的是恩师南京师范大学法学院李力教授。正是在李教授热情而严谨的帮助下，才有此书的完稿。在修改的过程中，大到结构的安排，小到标点符号的使用，李老师都不厌其烦地一一指出我的错误。恩师严谨的治学态度和对学生高度负责的精神深深地感动着我。这让我在学术研究的道路上，不敢有丝毫马虎，唯恐辜负恩师栽培之情。此外，南京师范大学的李玉生老师、董长春老师、张镭老师等，浙江工商大学的何东老师，天津财经大学的侯欣一老师，日本九州大学的西英昭老师也提出了许多诚恳的建议，在此一并表示感谢。

其次，要特别感谢的是武汉大学出版社的谢群英编审和郭静副编审。两位老师在本书的出版过程中，一直给予及时而有力的支持，让本书能顺利和读者见面，这是对我的学术成果的最好肯定。

最后，要感谢的是南京晓庄学院外国语学院的王静萍院长。王院长对我一直爱护有加，热情提携，才让此书有和大家见面的可能。

这本书，凝聚着许多人的心血，期盼读者能从中看到学术界的一些新信息，有所收获。

杨本娟

2023 年 7 月于南京方山